El arte de pensar para niños

JOSÉ CARLOS RUIZ

El arte de pensar para niños

La generación que cambiará el mundo

TERCERA EDICIÓN

TOROMÍTICO

Primera edición: marzo de 2019
Primera reimpresión: marzo de 2020
Segunda reimpresión: enero de 2023

Edición: Óscar Córdoba
Corrección y maquetación: Rebeca Rueda

Imprime: Black Print
I.S.B.N. 978-84-15943-71-6
Depósito Legal: CO-305-2019

Ediciones Toromítico
Parque Logístico de Córdoba. Ctra. Palma del Río, km 4
C/8, Nave L2, nº 3. 14005, Córdoba
www.toromitico.com
Síguenos en @AlmuzaraLibros
pedidos@almuzaralibros.com - info@almuzaralibros.com

Hecho e impreso en España - *Made and printed in Spain*

«En verdad, la solicitud y el gasto de nuestros padres no tiene otra mira que amueblarnos la cabeza de ciencia; en cuanto al juicio y a la virtud, pocas noticias… Habría que preguntar quién sabe mejor y no quién sabe más. Nos esforzamos solo en llenar la memoria y dejamos el entendimiento y la conciencia vacíos».

Michel de Montaigne

SEGUNDA PARTE: METODOLOGÍA

AGRADECIMIENTOS

Este libro cierra una trilogía que he dedicado a dos elementos fundamentales de cara a cimentar las bases de una personalidad sólida y equilibrada: la educación y el pensamiento crítico. Surge de una inquietud personal como padre y como docente en torno al mejor modelo educativo posible que pudiera usar con mis hijos y alumnos. Estoy convencido de que la base de una buena educación empieza en el buen desarrollo del pensamiento crítico desde la infancia y que cualquier conocimiento que se vaya adquiriendo se verá reforzado si previamente hemos logrado que interioricen el pensamiento crítico como un modo de ser y no como una actividad temporal y abstracta. Por eso dediqué un par de años a investigar en torno al mismo y finalmente elaboré una metodología de trabajo concreta, sencilla y evaluable con la que poder trabajar. Pero esa metodología, ese trabajo y la evaluación del mismo no habrían sido posibles sin la inestimable ayuda de un grupo de voluntarios/as, casi todos maestros y especialistas en pedagogía, que se embarcaron en esta aventura durante todo un año.

A todas esas personas que han creído y apostado por llevar a la práctica este proyecto les estoy agradecido de corazón y a ellos les dedico este libro.

PRIMERA PARTE

ANALFABETISMO MENTAL

EDUCAR EN EL SIGLO XXI: LA SALVACIÓN DE NARCISO

Si queda alguna esperanza para la revolución esta solo puede venir por el desarrollo del pensamiento crítico. De lo contrario nuestros hijos vivirán sometidos a los nuevos modelos de esclavitud que el sistema ha desarrollado. Subyugados al imperio de las emociones ligeras, perecederas y accesibles aceptarán un modelo de vida hiperactivo persiguiendo experiencias, modas, sensaciones..., entrando en una dinámica que no tiene fin. Y sin darnos cuenta terminarán siendo drogodependientes emocionales, enganchados a las fascinantes píldoras en forma de tendencias que los tendrán ocupados de un lado para otro en busca de esas dosis emocionales. Y como cualquier adicto que no temple sus necesidades, sufrirán el síndrome de abstinencia hipermoderno en forma de ansiedad, frustración o baja estima. Sentirán que no están viviendo la vida como deberían, como marcan las tendencias, que no viajan lo suficiente, que no han asistido a suficientes conciertos, que no han estado en todos los *pubs* de moda, o en los festivales de verano, que no tienen el último modelo de *smartphone*, que no llevan la sudadera adecuada, que no han jugado al último videojuego, que no han visto la última serie, que no han probado lo último en dietas... Porque estas nuevas píldoras hipermodernas están diseñadas *ex professo*, con fecha de caducidad y se presentan bajo el estigma de «fácil acceso» mostrando una cercanía tan cotidiana que las están empezando a normalizar. Han venido a sustituir el consumismo materialista por un modelo mucho más seductor y sutil en forma de consumo emocional. Y al ser perecederas han provocado un estado constante de hiperactividad inconsciente, no elegida ni seleccionada, que los tiene en constante movimiento.

Estamos viviendo momentos delicados para educar, lo virtual se está apoderando del panorama real y si no entrenamos a nuestros hijos para que sepan distinguir lo virtual de lo real estarán condenados a vivir dentro de una era de ficción. Estamos asistiendo al periodo más complicado de la historia para determinar un modelo educativo exitoso. No deja de ser paradójico que con tanto desarrollo tecnológico, con los nuevos descubrimientos sobre el funcionamiento del cerebro humano en neurociencia y la riqueza de nuevas metodologías pedagógicas no seamos capaces de ponernos de acuerdo en qué elementos son necesarios para que nuestros hijos afronten el futuro de manera sólida. La globalización ha provocado que los modelos éticos que otrora eran cercanos y estaban unificados (casa, medios de comunicación, sociedad, instituciones educativas...) se hayan alejado y diversificado en forma de hiperindividualismo y nuestros hijos estén asumiendo modelos de éxito virtualizados.

En una de las versiones del mito de Narciso (ese adonis que se enamora de sí mismo al ver su reflejo en el agua), se narra que la madre del joven Narciso, la ninfa Liríope, fue a preguntarle a un vidente de la ciudad de Tebas, Tiresias, por el futuro de su hijo. El vidente le contestó que su hijo llegaría a viejo siempre que «no se conociese a sí mismo». Narciso, que era un joven bello y vanidoso, recibe un castigo divino por despreciar el amor de las ninfas, en especial de la ninfa Eco; una maldición que lo condenaría a enamorarse de la primera persona que viese, con tan mala fortuna que la primera imagen que vio fue la suya reflejada en el agua. Tras un rato contemplándose, al estirar los brazos para querer abrazarse y al ver que su reflejo hacía lo mismo, se abalanzó sobre la imagen y murió ahogado.

Desde que Lipovetsky escribió *La era del vacío* allá por 1983, el narcisismo se ha convertido en un reproche común sobre la catadura moral de nuestros jóvenes. Si nos centramos en las últimas décadas, con la normalización de las redes sociales, la creación de «perfiles» personalizados y la exposición pública del ego, este adjetivo ha ido acompañando a cada una de las generaciones (Millennials, generación X, generación Z...) hasta nuestros días.

Lo que no deja de ser curioso es que la profecía de Tiresias parece mantener todavía su vigencia. Los que intentamos difundir la filosofía como escuela para la vida llevamos la impronta del oráculo de Delfos, «conócete a ti mismo», como una letanía cansina que empieza a oler rancia en un mundo donde el conocimiento se está sustituyendo por la información. ¿Será verdad que el conocimiento de uno mismo sea el inicio de la condena? Algo así debemos pensar cuando hemos decidido sustituir la reflexión por la acción, o preferimos el maniqueísmo al necesario ejercicio de la duda, tal y como Victoria Camps postula en su último libro. Los ciudadanos del siglo XXI hemos resuelto, siguiendo la advertencia del famoso vidente de Tebas, envejecer a cualquier precio. ¿Será esa la herencia que le dejemos a nuestros hijos?

Ya no se trata de alcanzar la inmortalidad por medio del estudio de las células inmortales de Henrrietta Lacks, sino de obviar, esconder y si me apuran ignorar la muerte, al igual que cualquier acontecimiento que nos suponga negatividad. En palabras del *best seller* surcoreano Byung Chul Han, asimilar la positividad como el único ideal a seguir y repetir el mantra «tú puedes» las 24 horas del día. No es de extrañar que estemos siendo testigos de un fenómeno único en la historia de la humanidad: la creencia interiorizada de que cualquier persona, independientemente de sus circunstancias y del contexto, pueda alcanzar el éxito social. Ya no se trata de soñar despiertos o de ilusionarse con los pies en la tierra, sino de creer, creer que el éxito depende de la suma de esfuerzo, determinación y una pizca de talento. De entre los muchos castigos que sufren nuestros «Narcisos» este es de los más crueles, condenados a creerse los sueños que el sistema se ha encargado de publicitar.

Pero para creérselos y caer en la trampa es necesario que no hagan autoanálisis, es importante que eviten el peligroso ejercicio de reflexión sobre sí mismos, no sea que descubran sus limitaciones, o la carencia de algún determinado talento, o la falta de conocimientos, su envidia malsana, su egoísmo, su pereza, la falta de compromiso a largo plazo... o la importancia del factor suerte. Condenados a no mirarse detenidamente en el espejo no sea que descubran la realidad.

En esta versión, Narciso se enamora del reflejo porque no lo identifica consigo mismo, es decir, Narciso, cuando se detiene a observar, no es capaz de reconocerse. El problema de la identidad es central en este mito clásico, un problema que hoy se mantiene vigente. Las identidades que se están conformando en la actualidad nuestros hijos son ajenas a las circunstancias de cada uno. Ortega y Gasset defendía que si no salvaba a su circunstancia no se salvaba a sí, pero la sociedad hipermoderna ha logrado que la percepción de las circunstancias propias y ajenas se iguale y se anule, de manera que a la hora de construir la identidad, estas pasen inadvertidas. Unificamos o más bien obviamos las circunstancias considerando que apenas tienen peso específico en nuestra configuración como personas o en nuestros proyectos de vida. Otrora las identidades tenían un anclaje inmediato, se forjaban en el barrio, en el patio del colegio, en la misa de los domingos, en las comidas en familia..., es decir, antes había una herencia, un legado directo y cercano que ayudaba a construir la personalidad. Pero la brecha generacional, la falsa idea de igualdad, la retahíla de la meritocracia y la ilusión de la proximidad que aporta lo virtual, sobre todo con la relajación de la simbología estética de los referentes sociales de éxito, han hecho que las identidades actuales se construyan por medio de agentes mediatizados.

En esta sociedad del rendimiento que postula el filósofo surcoreano nos pasamos la vida tratando de producir al máximo en cada faceta, ampliando las exigencias profesionales al plano personal y demandando inmediatez en los resultados. Al profesionalizar nuestro tiempo de ocio, la autoexigencia se convierte en una competición contra uno mismo dejando el deleite a un lado y queriendo extraer la máxima ganancia a cada minuto que pasa. No es de extrañar que no quede espacio para la reflexión, la contemplación o el reposo y que huyamos de los silencios, dejando a un lado el reto más importante del siglo XXI: la higiene mental preventiva. No se trata de atajar los problemas mentales una vez que aparecen, no estamos hablando de controlar un ataque de ansiedad, una depresión o el síndrome del desgaste ocupacional (Burnout), sino de construir hábitos de higiene mental preventiva desde nuestras circunstancias y sabiendo interpretar los contextos en los que nos movemos, haciendo uso del pensamiento crítico. No podemos olvidar que en España, por cada víctima mortal de violencia de género hay sesenta y cinco muertes por suicidio, y según el Instituto Nacional de estadística español, el suicidio es la tercera causa de muerte entre nuestros jóvenes (entre quince y veintinueve años) solo por detrás de tumores y agentes externos.

Si queremos salvar a nuestros pequeños «Narcisos» de su maldición tenemos que educarlos para que sean conscientes de que las circunstancias virtuales que engullen a través de las pantallas y adaptables al gusto del consumidor, están muy alejadas de las circunstancias reales que los conforman. Nuestros «Narcisos» actuales cuando se miran al espejo, terminan minando su autoestima porque sienten que no cumplen con el canon de felicidad mediática que propaga el sistema a través de la omnipantalla. Para evitar esta autodecepción y esa temible sensación de vacío, entran en una dinámica de hiperactividad y entretenimiento que genera una drogodependencia emocional al tiempo que bloquea los mecanismos del pensamiento crítico, mecanismos que están necesitados de tiempo, distancia y serenidad. De no tener cuidado con la advertencia del sabio Tiresias, la distinción entre virtual y real carecerá de sentido y nuestros hijos no serán capaces de retirar su vista de la pantalla. Va siendo hora de situar el pensamiento crítico como eje referencial de todos los procesos educativos.

¿POR QUÉ OTRO LIBRO DE PENSAMIENTO CRÍTICO PARA NIÑOS?

Este libro es distinto a los que hasta ahora se han publicado y que tienen como objetivo relacionar filosofía, pensamiento, pedagogía e infancia. Muchos de estos libros usan las enseñanzas de los filósofos y los temas que estos analizan para fomentar la reflexión en nuestros hijos y alumnos. La gran mayoría realizan preguntas o aportan textos en torno a los cuales se inicia la reflexión, una reflexión dirigida y orientada desde el exterior y que, sin duda, es un sano ejercicio de análisis. Pero en lo que a mí respecta, esto supone un nivel superior de pensamiento que no siempre dota a nuestros hijos de la capacidad más importante de todas a la hora de formarse una identidad fuerte, estable y sobre todo equilibrada: el pensamiento crítico. Porque para que el pensamiento crítico pueda trabajarse y crecer es importante que se haga desde el interior, que las preguntas surjan desde dentro del sujeto y no tanto desde fuera. Que los temas a analizar sean los que rodean la vida de cada uno, que el interés se centre en lo que directamente les afecta, tanto a nivel individual, como familiar y social. Que no sea un hecho puntual, en un momento puntual del día en el que se dediquen específicamente a reflexionar sobre un tema concreto sino más bien un modo de ser y de encontrarse en la vida. Que sea un hábito que adquieran de manera interna, algo que una vez asimilado, no necesite guía sino que se afronte con toda la naturalidad del mundo como un proceso cotidiano.

Tenemos que lograr que nuestros hijos/alumnos activen el pensamiento crítico sin darse cuenta, sin necesitar estímulos externos en forma de ejercicios puntuales o teorías filosóficas, sin precisar de referentes, y esto es lo que, tras un año de trabajo, vamos consiguiendo con la metodología que aquí expondremos.

Creo que gran parte del problema de educar en el pensamiento crítico viene porque se asocia a ejercicios preestablecidos, a temas preseleccionados y a momentos puntuales, tipo talleres, que a lo sumo determinan un análisis muy concreto para cuestiones muy concretas, de las que, sin duda, se enriquecerán, pero que no irán más allá de esas temáticas. Otros métodos de filosofía con niños y para niños no han terminado de acoplarse en nuestra cotidianeidad porque necesitaban que los maestros, progenitores, educadores... tuvieran una formación previa, supieran filosofía o pedagogía para poder llevarlos a cabo, de modo que requerían más tiempo del necesario o solicitaban una fuerza de voluntad más allá del compromiso que se pretendía adquirir. Cada año se celebran miles de talleres de filosofía para niños y congresos internacionales donde se publican muchas de estas experiencias. Los políticos se llenan la boca hablando de la importancia de fomentar el pensamiento crítico en los sistemas educativos. Pero no se logra implantar de manera reglada ni oficial ninguna asignatura o programa académico de filosofía para niños. Por eso no me parecía relevante volver sobre un argumento y una metodología, la de filosofía para niños de Lipman, que durante cuarenta años no ha logrado formar parte de nuestra cotidianeidad. Algo no termina de encajar en esos planteamientos.

De modo que este libro no versa sobre cómo enseñar filosofía a los niños, de esos ya hay muchos y algunos muy buenos. Mi interés se centra en que pongan a funcionar las capacidades analíticas que tienen, que las desarrollen, que las amplíen y afiancen. Que con el paso del tiempo, lo tengan tan interiorizado que se convierta en un modo de mirar su mundo, una manera de comprender lo que les rodea. El pensamiento crítico, la capacidad de analizar y separar lo que es de lo que aparenta ser, de cribar lo importante de lo insustancial, de eliminar los mensajes y consejos que pueden resultarles dañinos o contraproducentes para su formación, de seleccionar las amistades adecuadas... es fundamental para crear a personas equilibradas. Y lo bueno del pensamiento crítico es que se puede ejercitar sobre cualquier cosa que nos suceda, nada de lo que les ocurre a los críos es inescrutable, todo puede convertirse en un aliado para el desarrollo del pensamiento crítico.

Pero este libro y este método son distintos. Primero porque lo que aquí recojo no se limita a reflexiones sobre la importancia de trabajar el pensamiento crítico para el siglo XXI sino que además son realidades que hemos puesto en práctica durante un año, en colegios y hogares, con niños de edades comprendidas entre cinco y diecisiete años (si bien también se ha trabajado mucho en la universidad) obteniendo resultados muy positivos. Una realidad que después hemos hecho extensiva a algunas familias, entre ellas la mía, para comprobar que fuera del ámbito académico también ha dado sus frutos. Pero sobre todo, la metodología que aquí se recoge y que está contrastada por una diversidad de especialistas (maestros de Infantil, de Primaria, de Pedagogía Terapéutica, de Música, de Educación Física, de Filosofía...) es una metodología de andar por casa, muy sencilla, que no requiere ningún grado de conocimiento previo, ni de filosofía, pedagogía o cosas por el estilo. Es un modo de trabajar el pensamiento crítico con los niños que se basa en una serie de actitudes naturales que todos «traemos de serie», de modo que se puede practicar de manera natural, desde cualquier edad y sin necesidad de ningún tipo de conocimientos previos.

NUEVAS OBSESIONES: NIÑOS EXTRAORDINARIOS

La desorientación en torno al futuro provoca miedos que terminan siendo muy lucrativos para muchos sectores de la sociedad. Y el sector educativo no se queda fuera de esta industria. Los progenitores preocupados por la educación de sus vástagos buscan liberar sus miedos tras la incesante cascada de modelos educativos que a diario pregonan haber descubierto la piedra filosofal capaz de preparar a sus hijos para la vida. No cesan de aparecer «nuevas» metodologías docentes, pedagógicas y pseudocientíficas que prometen educar y criar a nuestros hijos de manera extraordinaria. Los padres muestran tremendas preocupaciones por saber si es bueno o no dejar llorar a un niño o acunarlo en brazos, si seguir el método del sueño Etivil o el Ferber (opuestos en planteamiento, actos y ambos justificados por aparentes estudios científicos). Si practicar el colecho (dormir en la cama con el bebé), desaconsejado por las asociaciones de pediatría, o no practicarlo. Si dar lactancia o no darla, y en caso afirmativo hasta qué edad. Si usar el cachete para corregir una mala conducta o acudir a la silla de pensar, incluso si vacunarlos o no. Desde el mismo vientre, muchas madres manifiestan un gran interés por cuidar lo mejor posible el desarrollo embrionario pero no solo a nivel de salud física sino que, en los últimos tiempos, se está acrecentando la preocupación por el desarrollo y el estímulo intelectual del feto. La ansiedad por la formación (no tanto por la educación) del niño de cara a criar a niños extraordinarios se está acrecentando y en parte es comprensible teniendo en cuenta el nivel competitivo por el que estamos apostando como sociedad.

Pero de repente, cuando comienza la infancia y deja de ser bebé, en el momento de cumplir dos o tres años de vida, las preocupaciones empiezan a centrarse en las actividades extraescolares, en elegir el mejor jardín de infancia, una elección enfocada, en muchas ocasiones, en la oferta pedagógica más que en el desarrollo personal, de tal manera que las guarderías han pasado a tener currículos académicos mimetizados con las etapas de escolarización obligatoria de primaria. Sintomático ha sido el cambio de nomenclatura de las mismas desde el momento en que dejaron de llamarse «jardín de infancia», que era un nombre precioso para una etapa maravillosa, un jardín al estilo de Epicuro, donde los amigos se reunían para socializarse, divertirse y hablar de sus temas, y han pasado a denominarse «Escuela Infantil», dotando de un innecesario academicismo tanto a la institución como a su metodología.

Y este proceso donde la preocupación se enfoca en la formación para una vida laboral, durará hasta bien acabada la educación reglada. El problema es que durante este transcurso los padres/maestros/profesores no tienen en cuenta lo que a mi parecer es el elemento más importante de su educación: el pensamiento crítico. En parte, este olvido está justificado por la falta de una metodología concreta con la que poder trabajar con ellos este desarrollo intelectual que será esencial a la hora de formarse una identidad propia, sedimentada, con raíces fuertes, capaces de buscar sus nutrientes sin necesidad de que nosotros tengamos que estar a su lado, atentos y ocupados de su crecimiento. Tampoco ayuda el hecho de que esta sociedad se haya sometido a una serie de sinergias amparadas en la globalización tales como la turbotemporalidad, el ímpetu, el entusiasmo, el hiperestímulo y sobre todo la hiperactividad, que en su conjunto no dejan tiempo para la reflexión.

Aprender a pensar críticamente, de manera natural, sin necesidad de tener que hacer un ejercicio de concentración específico sobre temas precocinados, ser capaces de analizar el mundo en el que vivimos, debería ser la base de todo proceso educativo que pretenda preparar a nuestros infantes para la vida. Confiamos en el sistema educativo y en las actividades extraescolares pero en ambos casos, el pensamiento crítico se trabaja de soslayo, sin la profundidad debida, si acaso se circunscribe a una serie de actividades excepcionales en unos momentos muy concretos para después caer de nuevo en el olvido, distraído por el imperio de las pantallas (*smartphones*, *tablets*, televisores...) o por esta sociedad del entretenimiento y de la hiperactividad que no deja espacio para la reflexión profunda.

El pensamiento crítico es la base para que ellos vayan adquiriendo autonomía y logren una suficiente independencia que les permita no ser tan permeables al exterior, es una herramienta que les ayudará a estar secos ante el chaparrón de modas, de las tiránicas «tendencias» y de estímulos que a diario inundan nuestra cotidianeidad y que no siempre son beneficiosos para su crecimiento.

SALUD MENTAL: HIGIENE MENTAL PREVENTIVA

Pero a pesar de que la base de una buena educación pasa por el desarrollo del pensamiento crítico, los padres y los docentes se preocupan más por educar en las emociones, en la psicomotricidad, en las nuevas técnicas de *mindfulness*, en el aprendizaje de idiomas, en los deportes..., que en armarles un espíritu crítico que les sea de utilidad para la vida. No me entiendan mal, todas estas preocupaciones están justificadas y son útiles de cara a educar de manera equilibrada pero siempre dejan de lado lo que considero que es la base desde la que tendrían que partir cada una de ellas que no es otra que el pensamiento crítico. Por mucho que dediquen tiempo a todo lo anterior, si no saben pensar adecuadamente, difícilmente podrán sacarle el debido provecho a esas actividades.

Hemos tomado plena conciencia de la importancia de que se laven los dientes todos los días después de comer, de que se aseen, de que lleven una dieta lo más equilibrada posible, de llevarlos a las revisiones del médico puntualmente, de vacunarlos y extravacunarlos (pagando si es necesario) para protegerlos, de remarcarles la importancia de hacer deporte y crearles el hábito de una salud e higiene preventiva que sabemos que les hace mucho bien en el plano de la salud física. Pero qué ocurre con su salud mental.

En los últimos años no cesan de publicarse investigaciones científicas donde se pone en relación directa el uso de los medios digitales y el aumento de problemas de salud mental entre nuestros adolescentes, uno de los más interesantes y contrastados se titula: «Asociación del uso de los medios digitales con los consiguientes síntomas de déficit de atención y desorden de hiperactividad entre los adolescentes». En este estudio se eligió una muestra de población de cuatro mil adolescentes «mentalmente sanos», es decir, sin diagnosis ni trastornos de ningún tipo y se les hizo un seguimiento durante dos años. Las conclusiones a las que llegaron es que «el uso frecuente de los medios digitales (redes sociales principalmente) puede asociarse con el desarrollo de los síntomas de déficit de atención» si bien reconocen que se necesitan hacer más estudios para concretar la relación causal. Estamos llegando a un punto en el que tendremos hijos que sepan tocar el piano, tengan un organismo sanísimo, sepan hablar tres idiomas, y sean calificados con sobresalientes pero sean incapaces de entender la virtualidad de las redes sociales, de comprender el poder que tienen las imágenes virtuales que consumen y que han sido retocadas con mil filtros, que no se percaten de la irrealidad que a veces presenta el mundo digital y terminen minando su autoestima y potenciando su inseguridad porque no son capaces de alcanzar esos estándares virtuales (no reales) de éxito y felicidad en forma de imágenes que a diario les atraviesan. Solo basta echar un vistazo en nuestros colegios y entornos cercanos para ver que aumenta exponencialmente las diagnosis tardías de hiperactividad o de déficit de atención, junto con otras manifestaciones no menos preocupantes tales como ataques de ansiedad y cuadros de depresión infantiles.

Damos por hecho que están creciendo mentalmente sanos si los vemos reír y entretenerse pero no vamos más allá. Solo nos damos cuenta de la importancia de la misma si a nuestros hijos le han diagnosticado alguno de los síndromes reglados tales como asperger, hiperactividad, autismo, déficit de atención..., entonces nuestro grado de preocupación es superlativo y acudimos a pediatras, psicopedagogos, psicólogos infantiles, logopedas... Pero si no hay diagnóstico, no creemos que sea necesario trabajar con ellos en su salud mental, en una higiene mental preventiva.

Ya lo he expuesto en mis anteriores libros pero no me canso de repetirlo porque creo que es el reto más importante que tenemos por delante en el siglo XXI, tanto para nuestros hijos como para nosotros: crear el hábito de una higiene mental preventiva. Entiendo que no es fácil, porque andamos en la vorágine cotidiana de la hiperactividad, y cuando llegamos a casa apenas tenemos fuerzas y ganas, nos falta la costumbre de preocuparnos porque ellos vayan poco a poco construyendo su armazón metal, pero si tomásemos consciencia de la importancia de esta labor nos ahorraríamos y sobre todo les ahorraríamos mucho sufrimiento futuro.

EDUCAR EN LA ERA DE FICCIÓN

Vivimos en un mundo que demanda y consume ficción como nunca antes había sucedido. Estamos inmersos en una sociedad de la ligereza, de lo inmediato, de lo cambiante, donde los conceptos metafísicos han tocado a su fin y se ha impuesto la hiperacción estimulante en forma de pantalla frente al sosiego del pensamiento y la calma de una mirada sin filtros. Desechamos cualquier intento de ahondar, de ir en busca de la raíz de los asuntos. Preferimos los eslóganes, los titulares, incluso los episodios de las series de televisión que requieren menos tiempo frente a las películas, evitamos cualquier ejercicio intelectual que venga en forma de discurso analítico que requiera esfuerzo, atención o no tenga carga emocional. Huimos de lo transcendental, de lo estático, de las pretensiones de intemporalidad y nos abrazamos a la novedad, a lo fácil, en resumidas cuentas, a lo liviano.

Siendo así no es de extrañar que estemos viviendo el momento más álgido de la historia en lo referente a la preocupación sobre tema educativo al mismo tiempo que menospreciamos los propios sistemas educativos, la profesionalidad del profesorado, la inutilidad de las pedagogías clásicas y la futilidad de los contenidos de «toda la vida». Y muchas de estas críticas solo se justifican porque son moda, es decir, está de moda menospreciar todo aquello que no huela a innovación, todo lo que tenga un halo de tradicional. Las redes sociales solo se alimentan de esta comunidad pedagógica adoradora de la innovación por el mero hecho de innovar, se amparan en discursos emocionales y se retroalimentan entre sí. Muchas de las neopropuestas educativas que se presentan lo hacen impregnadas de este estigma de la ligereza; son propuestas que suelen estar en consonancia con esta sociedad «etérea» que trata de no «traumatizar», obligar, controlar, disciplinar… al infante.

Se empieza a exigir un nuevo modelo de «educación ligera» donde al alumno no se le impongan tareas que requieran esfuerzos intensos o deberes poco estimulantes. En resumidas cuentas, se comienza a apostar por la llegada de una educación frágil, cambiante, suave, personalizada y, si me apuran, hasta estética. Una nueva educación que sea políticamente correcta donde solo se acepta el refuerzo positivo y las emociones agradables. Pero muchas de estas propuestas neoeducativas lo que presentan es una educación de ficción. Ficción desde el momento en el que sublima una educación ideal para un mundo ideal donde todos los niños descubren su vocación y son apasionados, donde no tienen que enfrentarse a grandes dificultades en la vida, donde todos los procesos de aprendizaje que se realizan están fundados en el juego y en la diversión…

La potenciación de lo que se ha venido llamando la psicología positiva a través del *coaching* ha provocado el empoderamiento y ha colmado de ilusiones a muchas personas que se han creído que alcanzar el éxito, la fama y la plena felicidad es un asunto que está en sus manos, que depende en exclusiva de ellas. Muchas de estas personas han comprado este discurso de ficción y orientan su cotidianeidad en torno al mismo. El problema se acrecienta cuando esta vida de ilusos se traspasa a los vástagos. Al igual que empezamos a sufrir las consecuencias personales de una sociedad de ficción que se impone, terminaremos educando en un sistema de ficción que se aleja de la realidad y lo peor de todo será que nuestros hijos, educados bajo las pedagogías alegres de la gamificación y del *mindfulness*, tendrán que vérselas con un mundo real que no entiende de «castillos en el aire».

En esta sociedad ficcionada hemos logrado interiorizar y asimilar emocionalmente un concepto irreal de felicidad, una concepción ficticia de éxito, hemos digerido un ideal de amor mediático y sentimos como real la dañina idea de la igualdad y de la meritocracia. Hemos perdido uno de los sentimientos más profundos, útiles y relevantes que tanto ha ayudado al hombre a reflexionar sobre su identidad: el sentimiento de lo trágico. Trágico entendido como aquello que no tiene solución, que no tiene remedio y que es la suma de lo cómico y de lo dramático. La nueva tecnociencia y la fe en que su desarrollo terminará solucionando todos los problemas, han calado tan hondo en el ideario social que creemos que todas las dificultades, situaciones y adversidades tienen remedio o tendrán remedio. Hemos asumido una fe ciega en el progreso de la razón, de la ciencia y de la tecnología más allá de lo propiamente racional. No es de extrañar, por tanto, que nos sintamos confiados al acercarnos a las nuevas propuestas educativas y al abordar los nuevos retos que la globalización nos depara porque percibimos una extraña sensación de tranquilidad cuando nos dejamos en manos de cualquier discurso neopedagógico que insufle ese halo de novedad que tanto erotismo encierra en estos tiempos de culto a lo primario.

Pero a su vez, esta pérdida del sentido de lo trágico y la hiperentronización del poder resolutivo de la razón neofílica (obsesionada con la novedad) trae como consecuencia la proliferación de miles de propuestas superficiales a la hora de afrontar los retos que la nueva globalización plantea. Estamos viendo florecer, casi a diario, fútiles y superficiales propuestas que creen ser la clave para solucionar lo que ahora se denomina «el problema educativo».

En los últimos años no han dejado de surgir profetas de la pedagogía, magos del encantamiento mediático que del día a la noche pasan a convertirse en referentes pedagógicos, consultores internacionales y asesores gubernamentales que tienen mucho más impacto mediático que resolutivo. No paran de presentarse nuevas pedagogías que se autodefinen como «revolucionarias», cuya característica principal es la innovación «disruptiva» pedagógica.

Estas nuevas propuestas educativas, en su gran mayoría, no son otra cosa que «imposturas educativas». El ansia de consumir ficción «como si» fuera posible realizarla genera a su vez una ilusión en el consumidor que siente, debido a esta fe ciega en la posibilidad de resolver todos los problemas, que es factible. Estamos asistiendo al empoderamiento de las pseudoficciones pedagógicas por doquier. Estamos viviendo la entronización de los *coach*, de los asesores, de los motivadores educativos que se han contagiado de este discurso espectacular que tanto gusta y que no requiere grandes dosis de pensamiento crítico, ni para el neopedagogo ni para el propio consumidor de estas «imposturas educativas».

Muchas de estas imposturas educativas, al igual que la sociedad en la que nos movemos, comparten la característica de la ligereza, son discursos e ideas tan ligeras como vacías de sustancia, en una época en la que la población se decanta por lo *light* como modelo de vida. Han logrado el objetivo de convencer y emocionar pero sin solucionar el problema. El *coaching* educativo contemporáneo no sirve para solucionar los problemas estructurales que tiene la educación del momento presente. Entre otras cosas porque muchas de estas propuestas no son profundas ni analíticas, no parten de la tremenda diversidad que existe entre los alumnos y los profesores y casi ninguna tiene en cuenta la relevancia del factor económico a la hora de plantear alternativas; la gran mayoría no son realistas. El problema es que muchos docentes, padres y alumnos consumen este neodiscurso emotivo pseudopedagógico y se sienten identificados con sus propuestas. El peligro de estas imposturas educativas es que generan una dosis emocional de optimismo irracional y desmedido que provoca un enorme efecto de rechazo sobre lo establecido y causa sentimientos de insatisfacción y desafección sobre la realidad del presente. Las nuevas «imposturas educativas» son un elemento dañino y perjudicial si no tenemos la capacidad analítica suficiente como para darnos cuenta de la ligereza de sus propuestas.

Hablar de educación es hablar de un sistema tremendamente estructurado y complejo como para que se pueda analizar o resumir en una charla TED de veinte minutos o en un curso de formación de treinta horas.

Por eso aposté por trabajar el pensamiento crítico como elemento base para todos los procesos educativos posteriores. Aprender a pensar bien requiere tiempo y esfuerzo y no siempre se presenta como un juego. Los ejercicios de análisis, la capacidad de cuestionar las cosas, el conseguir que nuestros hijos pongan en marcha el sano ejercicio de la duda no es algo cómodo ni mucho menos fácil. Si me apuran deberán reconocer que muchos de nuestros hijos e incluso nosotros mismos llegamos a preferir muchas veces no pensar, bien por cansancio, bien por hartazgo, bien por falta de hábito... Pero lo que aquí pretendemos es que, aun sabiendo que es un proceso a veces tedioso cuyos frutos solo se recogen a largo plazo, terminemos dándonos cuenta de que con el paso del tiempo siempre les beneficia. Vivimos en un momento social donde los estímulos, además de haberse multiplicado exponencialmente, han sabido usar las herramientas de seducción de tal manera que son capaces de tenernos enganchados a una constante hiperactividad en su búsqueda, y para luchar contra esta filosofía de vida de la inmediatez que no deja de provocarles impaciencia e insatisfacción es necesario que tengamos como eje de flotación el pensamiento crítico.

ESCLAVOS EMOCIONALES

La sociedad entera parece conspirar a favor de esta hiperestimulación. En algunos cines se ha implantado un descanso en las películas infantiles de cara a que los niños puedan «relajar» su atención sobre la película y distraerse durante cinco minutos haciendo otra cosa para después volver a fijar la atención en la misma. Incluso nosotros, los adultos, durante la visualización de una película en el cine, consultamos varias veces el teléfono móvil sin necesidad ninguna. Sin darnos cuenta estamos asentando en ellos un modelo de entretenimiento y también un modelo educativo donde solo tiene cabida el estímulo positivo, lo apetecible, lo entretenido, lo maravilloso, y como la oferta de estímulos que esta sociedad ofrece es increíble y además puede ser personalizada, el resultado es la puesta en marcha de un proceso de esclavitud emocional que terminará generándoles una dependencia seria de estos estímulos.

Las consecuencias ya las estamos conociendo, como hemos comentado terminan convirtiéndose en unos drogodependientes emocionales que demandan sus dosis diarias de estímulos y además necesitan que estas dosis estén en constante cambio, dosis que sean distintas porque se cansan cada vez más rápido. Es un sistema diseñado bajo el amparo de lo que se denomina neofilia, es decir, amor a la novedad, y se ha disfrazado en forma de tendencias, de modas. Se teledirige la atención al consumo emocional y cuando este no resulta «goloso» se genera una dinámica de insatisfacción que ha pasado de ser un aburrimiento, poco dañino y si me apuran hasta conveniente, a generar estados de alteración y ansiedad cuando no se consumen estos estímulos. Esta sensación que ellos tienen de ansiedad cuando la atención no está conectada a cualquier estímulo, es un síntoma directo de esta dependencia mental que estamos provocando en ellos, y al igual que sucede con un drogodependiente terminan sufriendo su propio síndrome de abstinencia con las reacciones parecidas a estos. No será la primera ni la última vez que un niño se altera, se pone violento o pierde el control cuando le quitamos cualquiera de esos elementos o focos de estímulos a los que están enganchados. Seguro que son capaces de reconocerse en algunas de estas situaciones cotidianas, un viaje largo en el coche en el que les quitan la *tablet* o el móvil y les dicen que miren por la ventanilla del coche, una salida en familia en la que les prohíben que se lleven el *smartphone*, el momento en el que se quedan sin datos para navegar en Internet fuera de casa..., situaciones en las que sus reacciones son cada vez más viscerales poniendo de manifiesto que, de manera parecida al drogodependiente, ellos no tienen control sobre estas situaciones, no son capaces de racionalizar lo que les está pasando y en el caso de hacerlo, no logran controlarse.

Su atención no para de trabajar 24 sobre 24 horas tras la caza de estímulos, de manera que cuando la frenamos, sufre. Se encuentra en un estado desconocido que no sabe dominar, no está educada para desacelerar, para calmarse, no conoce el procedimiento ni los beneficios de centrarse en algo tranquilo que no sea estimulante. Los problemas llegan cuando queremos ser nosotros, progenitores o docentes, los que dirijamos su atención, los que tengamos el control. Les hemos dejado que sean ellos los que eduquen su atención, hemos dejado que niños en periodo formativo autoregulen un elemento tan importante para su desarrollo como es la atención y las consecuencias están siendo sencillamente catastróficas. ¿Pero en qué cabeza cabe pensar que ellos son capaces de seleccionar adecuadamente los estímulos que más les convienen?

No nos hemos dado cuenta de que su ocio es igual o más importante que el tiempo de colegio o que el tiempo de las actividades extraescolares; les hemos dado carta blanca para que organicen como les venga en gana esas horas libres que tienen en casa sin cuidar esa faceta. Les hemos ido dejando espacios de libertad para que aprendan a asumir responsabilidades pero quizá hemos empezado demasiado pronto a cederles esta libertad sin la vigilancia en su tiempo de ocio, más que nada porque los procesos adictivos que generan las pantallas de hoy son tan poderosos que un niño no tiene la suficiente voluntad para comprender este problema y mucho menos para luchar contra lo atractivo y estimulante de esos contenidos, de ahí la importancia de realizar un atento acompañamiento durante todo el proceso formativo de nuestros hijos.

Pero no nos llevemos a engaño, que tengan una atención dispersa, distraída o floja no significa directamente que no sean capaces de mantenerla durante mucho tiempo en algo que les apasiona, y en esto me entenderán los padres que ven a sus hijos pasarse dos horas jugando a la videoconsola o consumiendo vídeos de su *youtuber* favorito donde lo único que hacen es observar atentamente cómo este juega una partida de hora y media del videojuego preferido de ellos. Los problemas surgen cuando les exigimos que presten un mínimo de atención a algo que tienen que hacer pero que no forma parte de sus inquietudes personales porque las distracciones del mundo que les rodea son tantas y tan apetecibles que es muy difícil desentenderse de ellas y centrarse en lo que uno tiene que hacer, sobre todo en las cuestiones relacionadas con el deber.

De cara a ayudar en los procesos de desconexión, buscando que se desenganchen de esta hiperestimulación a la que están doblegados, decidí probar un poco de meditación y relajación antes de realizar los ejercicios de pensamiento crítico. En las actividades que hemos estado trabajando con ellos y que contaremos después, pensamos que sería importante que antes de comenzar, centraran la atención en lo que tenían por delante. Por eso caí en la cuenta de que no sería mala idea calmarlos, desconectarlos mentalmente de lo que habían hecho antes de emprender las sesiones de trabajo, si bien, como digo, estas sesiones de micromeditación, relajación o desconexión también pueden obviarse en el caso de que nos dispongamos a trabajar el pensamiento crítico en un momento del día en el que no creemos necesario o posible realizarlas, como, por ejemplo, durante un viaje en coche. El objetivo era intentar que su mente estuviese relajada a la vez que activa y que la predisposición al ejercicio fuese la mejor posible. Para eso tenían que romper con la rutina diaria, ya fuese académica o familiar, y cambiar de actitud. De manera que implementamos algunas pautas de actuación justo antes de comenzar los ejercicios que mostraron ser de utilidad para los objetivos propuestos, si bien algunos maestros, tras varios intentos, decidieron que no era tan necesario.

PROTOPENSAMIENTO

Todo este interés por investigar los problemas en el desarrollo del pensamiento crítico comenzó con la observación de mis hijos. Tras un tiempo apuntando algunas dificultades de razonamiento que iba detectando en ellos quise ver cómo reaccionaban ante preguntas filosóficas básicas y observé los problemas de comunicación que tenían, no lograban hacerse entender a no ser que yo les fuera señalando aquello que querían decir. Sin embargo, en su fuero interno, ellos entendían y sabían lo que querían decir, es como si tuvieran una intuición en la que confían plenamente, una especie de protopensamiento que sienten como verdadero, pero que no logran transformarlo en un pensamiento ordenado, concreto y sobre todo comunicable. Cuando esto pasaba les preguntaba cómo se sentían, la gran mayoría, tanto mis hijos como sus amigos (a los que extendí mi curiosidad), se sentían mal porque cuando intentaban explicarse, no estaban conformes con sus propias explicaciones, se daban cuenta de que les faltaba algo, notaban que no habían expresado bien sus ideas, sabían que su protopensamiento era correcto pero que a la hora de exponerlo no lo habían hecho bien, no habían logrado comunicarlo como ellos lo sentían, no sabían transmitir fehacientemente lo que sabían (o intuían como correcto). Pero sobre todo les causaba mucha frustración que los otros que estaban allí, esperando y dispuestos a conocer y a escuchar aquello que iban a decir, no lograran entenderlo y pusieran «caras raras» o les dijesen «no me entero», «no sé qué quieres decir», «te explicas fatal»... Era como si en el proceso que se da desde que generaban el pensamiento hacia la expresión del mismo, fueran conscientes de que les faltaba algo o que algo no les funcionaba, parecía que un cortocircuito les impidiese transformar sus ideas en palabras y no fuesen capaces de solucionar el problema (y no era solo falta de vocabulario).

En mis charlas con los amigos de mis hijos y con otros niños, al ver que tenían una capacidad de discernimiento normal pero dificultades para ordenar y comprender sus ideas me propuse llevar a cabo una serie de talleres filosóficos para ver si esta idea era operativa. Pero el objetivo de fondo era más ambicioso, la idea era poner en marcha una metodología concreta, sencilla y rápida para trabajar de manera exclusiva el desarrollo del pensamiento crítico. Para ello pedí ayuda a unos cuantos maestros de distintos colegios, generalmente conocidos cercanos, para que pusieran en marcha pequeñas sesiones de «pensamiento crítico» en sus clases. El propósito, teniendo en cuenta que son niños de primaria, era lograr que adquirieran el hábito de tener que razonar todo aquello que van asumiendo como verdadero. De modo que diseñé una metodología de trabajo que fuera lo más sencilla posible y sobre todo operativa para desarrollar este protopensamiento.

Nuestros hijos tienen una capacidad analítica en germen que hace que sean competentes para realizar protopensamientos pero muchos de ellos no saben cómo convertirlos en pensamientos concretos y en muchas ocasiones cómo expresarlos. En la ciencia moderna se denominan «procesos intuitivos» a procesos simulares a estos, donde la intuición se presenta como un protopensamiento, un modo de conocimiento que suele tener un alto porcentaje de éxito pero que no necesita pasar por los filtros de reflexión habituales. Y precisamente, darme cuenta de esto me animó a investigar más a fondo por qué sucedía e intentar buscar soluciones concretas para mejorar su capacidad no solo de pensar, sino además de expresar estos pensamientos y evitar así esa frustración y malestar que se tiene cuando uno es consciente de tener una limitación.

Después de pasar con ellos un tiempo me decidí a realizar talleres filosóficos cada vez que alguno de los amigos de mis hijos venían por casa, sin avisarles y tratando de que todo fluyera de manera natural, no forzando la situación. Al mismo tiempo les pedí al grupo de maestros colaboradores que me contasen sus experiencias en clase para ir perfilando la metodología con la que estábamos trabajando. Pero como tenía a mis hijos más a mano gran parte del análisis y la práctica lo realicé con ellos. Apenas pequeños ratos de quince minutos donde les peguntaba sobre diversas cuestiones de las que estaban hablando para ver su nivel de análisis. Yo casi nunca sacaba los temas, nunca quise dirigir sus conversaciones para no contaminar la naturalidad del momento. Pude observar que ellos ponían especial interés en encontrarle sentido a sus respuestas improvisadas y en muchos casos aceleradas. Querían dar respuestas convincentes (sobre todo para ellos mismos) y en muchas ocasiones lo hacían al tiempo que armaban su discurso. Me resultó tremendamente interesante y esclarecedor darme cuenta de que para ellos defender su línea argumentativa era un tema serio, pero no tanto como para que fuesen capaces de adoptar casi de manera instantánea otra línea argumentativa proveniente de otra persona si esta les resultaba más convincente que la suya propia, es decir, demostraban una apertura mental a razonamientos que ellos presuponían mejores. Pero esto me solía suceder con niños que todavía estaban en torno a los once o doce años, a partir de esas edades, sobre todo en el instituto, cuando trabajaba con ellos y observaba sus líneas argumentativas me daba cuenta de que, mientras crecían, existía más resistencia a la hora de aceptar otras posturas contrarias a las que ellos estaban defendiendo. A medida que la adolescencia hacía acto de presencia, comenzaban a prestar más atención a defenderse que a escuchar, es como si la posibilidad innata de apertura mental que antes traían de serie desapareciera poco a poco y pusieran toda su energía en argumentar en torno a sus ideas sin importarles demasiado las de los demás.

Lo curioso de los niños es que cuando tienen que pensar en directo y expresarse con palabras sobre cuestiones novedosas el protopensamiento aflora por doquier. Al no haber reflexionado sobre algunos de los temas que aparecían en las conversaciones solían decir lo primero que les venía a la cabeza y también discutían con los demás las primeras ideas que los otros argumentaban. Al escuchar los argumentos de otros niños inmediatamente manifestaban su acuerdo o desacuerdo sin someterlos al análisis y después intentaban apoyar sus líneas argumentativas. Y precisamente en este último paso es donde tenían más problemas, el protopensamiento, la intuición intelectual les empujaba de manera feroz a buscar apoyos que corroborasen esas intuiciones, pero en numerosas ocasiones se estacaban.

En los más adultos, mis alumnos de bachillerato y de universidad, la cosa era aún peor porque estos mostraban una cerrazón en torno a sus intuiciones intelectuales, su problema no es tan agudo a la hora de buscar líneas argumentativas para defender sus protopensamientos sino más bien la cabezonería de no querer aceptar las líneas argumentativas de los demás si estaban en contra de las suyas. En los adultos observé que se centraban más en seguir pensando en encontrar mejores argumentos a favor de sus tesis que en escuchar y analizar los argumentos de los demás. Y en parte es comprensible porque durante los procesos educativos de nuestras sociedades no se trabaja directa y sistemáticamente a atención enfocada en «el otro». A esto le sumamos que vivimos imbuidos de uno de los elementos que si bien ha provocado un progreso social inimaginable también está causando insatisfacciones enormes: la competición. A medida que van creciendo el espíritu competitivo contra los demás (difícilmente se entiende este espíritu competitivo como afán de competir contra uno mismo de cara a superarse) parece que se apodera del panorama emocional en ellos y cualquier cosa se convierte en una especie de pulso constante buscando ganar. Y esto pasa cuando en lugar de dialogar o conversar de cara a tener una actitud mental de apertura, empiezan a debatir y a competir. Comienzan a desarrollar una actitud de bloqueo y desde el primer momento adoptan una posición a la defensiva, como si estuviesen esperando un ataque constante hacia su persona, hacia sus intuiciones, hacia sus creencias..., y así es muy complicado que podamos experimentar cualquier tipo de progreso intelectual.

En estos casos el ego comenzaba a aflorar de manera más potente, de ahí que a la hora de trabajar el pensamiento crítico haya decidido introducir un elemento esencial para que estas cosas no sucedan: la atención sobre «el otro», sobre las circunstancias del otro, sobre el contexto del otro. Enseñarles que hay más beneficio en el aprendizaje personal cuando uno está abierto mentalmente a las propuestas del otro que si se centra exclusivamente en su línea argumentativa. No podemos olvidar que aprender a pensar bien también implica tener la suficiente inteligencia para poder recoger todas aquellas aportaciones que los demás realizan y hacerlas nuestras de cara a implementar todo lo que nos parece que es mejor en relación con lo que ya teníamos. Además, si logramos que el factor «otro» empiece a interiorizarse como un elemento que mejora sus vidas y que les ayuda a progresar en su proceso de aprendizaje, iremos, sin apenas darnos cuenta, eliminando el elemento de la envidia malsana y lo transformaremos en admiración útil.

De modo que si queremos hacer bien nuestra labor de cara a mejorar la habilidad de pensamiento crítico que todos tenemos de serie es necesario trabajar estos dos pasos, por una parte es muy importante mejorar el segundo paso que va desde el protopensamiento hasta la justificación del mismo y por otro, a medida que crezcan, es esencial que mantengan una actitud mental abierta de cara a no cegarse con sus intuiciones intelectuales, que sepan implementar las mejoras reflexivas que se van encontrando por el camino incluso si no han sido ocurrencias de ellos mismos.

APERTURA MENTAL

Pensamiento y *crítico* parecen dos palabras demasiado serias para asociarlas con otra tan maravillosa como es la palabra *niño*, o la palabra *infancia*. Los niños tienen dos facetas a nuestros ojos que los definen dentro del ideario social: por una parte los vemos como niños, como seres que viven y disfrutan el instante sin recalar más allá de lo que sucede en el momento. Pero por otra parte los vemos como «proyectos de adultos» y cada vez sabemos más de la importancia de educar bien durante la infancia para que estos proyectos de adultos puedan llevarse a buen término. Los problemas surgen cuando solo tenemos en cuenta una de estas dos visiones. Si solo los consideramos niños de manera exclusiva, abandonando el proyecto de futuro, no teniendo en cuenta sus potencialidades, entonces los educaremos para el instante presente, sin visión de futuro, sin proyecto, haciendo dejadez de nuestra responsabilidad como educadores. Pero si en cambio nos obsesionamos en verlos como proyecto de futuro y dirigimos su educación exclusivamente como una inversión para lo que vendrá, entonces les estamos eliminando el elemento de niñez, de infancia. Y como vengo sosteniendo a lo largo de mi obra, la clave de una educación exitosa se encuentra en el equilibrio, en el termino medio.

En este libro trataremos de aunar ambos aspectos, intentaremos que los niños sigan siendo niños pero sin perder de vista ese maravilloso «proyecto de adulto» al que pretendemos aspirar, en el que sean capaces de desarrollar su propia identidad, su propia manera de adentrarse en el mundo desde sus circunstancias y sabiendo siempre interpretar los distintos contextos en los que se encontrarán a lo largo de su vida. Pero también trabajaremos con edades preadolescentes y adolescentes para todos aquellos jóvenes que, llegado el momento, se dan cuenta de que algo falla en sus proyectos vitales, pero no saben bien qué es lo que falla, no saben cómo interpretar y analizar sus vidas de cara a ir cambiando aquello que les perjudica. Procuraremos que sean capaces de aprender a pensar de manera crítica sobre ellos y sobre su entorno, de analizar de modo realista sus proyectos, sus ideales y el peso de las circunstancias tanto reales como virtuales con el objetivo de implementar mejoras progresivas en sus vidas.

Fue una de las tantas tardes en las que los amigos de mis hijos se vienen a casa a jugar cuando caí en la importancia de educar en la apertura mental como elemento complementario del pensamiento crítico, de ahí que insista siempre en la importancia de educar en torno a las circunstancias propias y sobre todo en las circunstancias ajenas. Por aquel entonces mis hijos y sus amigos tenían entre siete y diez años. Durante uno de sus descansos y mientras preparaba la merienda al tiempo que todos estaban en la cocina observándome, me puse a conversar con ellos sobre temas filosóficos. Querían saber qué era la filosofía y qué era lo que yo explicaba a mis alumnos, en qué consistía mi trabajo. Como es habitual en mis clases decidí responderles con otra pregunta, algo muy común entre profesores de filosofía que acuden al método de Sócrates que se ha denominado «mayéutica», me interesaba saber qué creían ellos que era la filosofía y para qué servía. Tras unos minutos de coloquio donde ellos no pararon de hablar, imaginar, reírse, robarse la palabra unos a otros, cambiar de tema..., pude observar que a esas edades ya comienzan a desarrollar una capacidad analítica, un protopensamiento crítico que les sirve para poner en cuestión todo aquello en lo que creen de manera muy fácil, que eran capaces de usar cosas que habían oído en casa o en el colegio y desarrollar sus «propias» teorías a la vez que asombrarse por las teorías de los otros. Es decir, no tienen reparo en cambiar rápidamente de opinión sobre cualquier idea preestablecida que posean si alguien les presenta un argumento que les resulte más convincente y sobre todo más comprensible que el suyo. Y esta es una de las bases de la sabiduría filosófica, la apertura mental sobre otras visiones del mundo a la hora de comprender la nuestra. Y observé que es una apertura auténtica, donde una simple línea argumentativa de otro niño era capaz de hacerlos cambiar de opinión sin que tuvieran que sentirse mal por ello, sin que experimentasen una humillación intelectual, una derrota o un debilitamiento de su inteligencia, cosa que no siempre podemos decir de los adultos. En los adultos, por el contrario, no siempre observamos esto. Muchas veces el ego se impone a la apertura mental y nos empeñamos en defender nuestras ideas por encima de cualquier otra argumentación, adoptando una actitud de cerrazón intelectual ante cualquier elemento externo que ponga en peligro nuestra visión de la vida. Pero en los niños el ego todavía no está todo lo maleado que en los adultos. Son infinitamente más tolerantes que nosotros cuando se trata de asimilar razonadamente otras posturas, menos cabezotas, más democráticos y por lo tanto más dispuestos a la apertura mental, más receptivos a nuevas ideas, se asombran con mucha más facilidad... y entonces caí en la cuenta de que todas estas son cualidades que requiere la filosofía. De ahí que esté convencido de que el pensamiento crítico, que es un elemento que todos traemos de serie, es más fácil trabajarlo en las primeras etapas de la vida, porque los niños son grandes pensadores y además muy críticos de inicio con la pequeña visión de la vida de los otros, pero al mismo tiempo, son capaces de asumir otras posturas y se dejan convencer con mucha más facilidad.

Mientras los observaba me di cuenta de que tienen muchas dificultades para expresar lo que piensan, algunos incluso llegaban a decir «yo sé qué es lo que quiero decir pero no sé cómo decirlo»; otros decían «es que no sé explicarme», y tras varias visitas y ampliar un poco más mi campo de observación a otros niños con los que charlaba, me di cuenta de que era algo cada vez más habitual. Tras esta observación decidí preguntarles a los maestros con los que tenía más contacto y confianza, si habían notado que en los últimos años los niños tenían más dificultades para expresar sus ideas, a lo que la gran mayoría me respondió que sí. Sobra decir que con mis alumnos adolescentes la cosa no mejora mucho, sobre todo cuando les preguntas de manera improvisada y les fuerzas a que tengan que argumentar sobre la marcha, en esos momentos parece que una especie de bloqueo verbal se apodera de ellos. De esta pobreza en la comunicación oral hablaremos más adelante.

¿SE PUEDE ENSEÑAR A PENSAR BIEN?

El desarrollo del pensamiento crítico ha sido una constante a lo largo de las diferentes leyes educativas que se han ido implantando. Las palabras «pensamiento crítico» aparecen como un mantra recurrente al que acudir una y otra vez casi desde los preámbulos. Cualquier sistema de enseñanza que pretenda formar a ciudadanos comprometidos y activos tiene como eje central el desarrollo del pensamiento crítico y autónomo. Pero en el siglo XXI uno de los problemas con los que nos topamos para que esto suceda es el auge de un hiperindividualismo que cada vez deja menos espacio para la educación cívica, donde se eduque el rol de ciudadano dentro de una comunidad. Tradicionalmente se asocia la capacidad de reflexión y análisis con la calidad política de la ciudadanía a la hora de tomar decisiones, tanto a nivel personal como a nivel político. Si queremos tener una democracia en buen estado de forma hay que poner las bases desde el principio. El impulso del pensamiento crítico aparece como una de las principales competencias de necesaria adquisición por el alumnado de cara a fomentar esta buena salud democrática.

Sin embargo, si bien puede que sea una de las aspiraciones más importantes por parte de cualquier gobierno que quiera formar a ciudadanos competentes, por otra parte nunca termina de concretarse de ninguna manera, de tipificarse de manera concreta. Se presenta como una especie de eje trasversal que debiera de ser enfocado en todas las asignaturas que se cursan, un lugar común que en teoría aparecerá y se desarrollará de modo colateral a la vez que avanza el proceso de aprendizaje en las asignaturas. Las buenas intenciones apenas se reflejan sobre el papel de las leyes educativas y en las últimas que hemos tenido, se ha mermado su importancia y se ha sustituido por otras cuestiones más pragmáticas de cara al mercado laboral tales como el aprendizaje fragmentado por competencias o la evaluación de los estándares de aprendizaje en la última ley educativa.

Históricamente se han ido añadiendo algunas cuestiones más concretas que parecían ayudar al alumno a entender mejor qué era un razonamiento correcto y cómo podría hacerse. Se hizo cuando a la asignatura de Filosofía se le implementó una parte de lógica, donde los alumnos aprenden a distinguir una falacia de un enunciado verdadero, o un *modus ponens* de un *modus tollens*. Pero apenas ocupa un tema del curso escolar y se circunscribe a la etapa de educación voluntaria del bachillerato. En lo que respecta al desarrollo específico del razonamiento crítico no han existido nunca elementos claros, sencillos y asequibles para poder trabajar con el alumnado en el aula. De ahí que, detectando esta carencia, también creyese oportuno ponerme manos a la obra de cara a facilitar, en la medida de mis posibilidades, un proceso metódico y accesible que no implicase grandes recursos, ni tampoco comprometiese el temario de las diversas asignaturas, ni a la metodología de los docentes.

Y tras un curso escolar practicando este método todos los indicadores se encaminan hacia la misma conclusión: sí se puede enseñar a pensar críticamente, de manera concreta, con resultados efectivos. Nada de trabajar lateralmente el pensamiento crítico o de hacerlo enfocado solo en momentos puntuales de la vida, sino más bien de manera global. Porque el objetivo es que se quede incrustado en ellos, como si fuera un modo de ver e interactuar con el mundo que les rodea y no tanto como la respuesta a una serie de actividades y de cuestiones que se tratan desde diversas asignaturas.

Pero no se lleven a engaño, no es flor de un día. Es un proceso lento y sistemático, lo repito: lento y sistemático. Se puede enseñar a pensar críticamente pero se necesita tiempo para realizar los ejercicios, para insertarlo en la rutina y es un tiempo indeterminado. No podemos dejarnos arrastrar por la inmediatez de los resultados, esto no es un libro de autoayuda donde se ponen en marcha consejos concretos que se realizan veintiún días y así decimos que hemos creado un hábito, no funciona así, porque hasta que un niño asimila e interioriza esta metodología como una forma de mirar la vida a veces pasa mucho tiempo. En nuestro caso, hemos necesitado un año para lograr un completo desarrollo de sus habilidades críticas, pero también he de decir que si durante esta etapa educativa cortamos este proceso de aprendizaje es probable que recuperen su rutina anterior y apenas hayamos mejorado su capacidad crítica de manera real. Por eso es esencial que vayamos implementando sanos ejercicios como el de la conversación con ellos de manera que sean el complemento ideal diario con el que completar los ejercicios concretos que aquí iremos sugiriendo.

TODOS LOS NIÑOS SON FILÓSOFOS

Qué duda cabe que todos los niños son filósofos, en el sentido de necesitar comprender lo mejor posible el mundo que les rodea. Solo basta prestar atención a su mirada de asombro a cualquier novedad de su entorno cuando apenas son capaces de ponerse en pie, el problema es que en el proceso de crecimiento y maduración estas actitudes iniciales empiezan a vaguear.

Este será uno de los objetivos que me propongo a lo largo de estas páginas, crear las condiciones y hábitos basados en el pensamiento crítico, en su filosofía de vida, que sean capaces de perdurar en el tiempo para que el espíritu crítico y analítico no sea solo flor de un día. Intentar que no se pierda ese instinto innato que es la curiosidad, tratar de que, a pesar de haber superado la madurez, seamos capaces de seguir maravillándonos y sobre todo admirándonos de lo que nos rodea pero con actitud crítica.

En esto seremos como Platón, y si me apuran como su maestro Sócrates con el arte de la mayéutica, los encargados de sacar el conocimiento desde dentro de nuestros hijos, intentaremos que ellos sean los que afloren sus ideas pero con la ayuda de nosotros. En el *Teeteto,* uno de los diálogos de Platón, Sócrates confiesa que no es capaz de producir ningún tipo de conocimiento por sí mismo pero que tiene una de las labores más importantes de todos los tiempos: ayudar a los jóvenes a que sean capaces de extraer el conocimiento por ellos mismos.

No se trata de convertir en filósofos a nuestros hijos, como intentaré demostrar, ellos ya tienen el germen filosófico dentro de manera innata. Se trata de que sepan desarrollar un modo de actuar y de pensar que les ayude en la adquisición de unos hábitos útiles para su educación a corto y a medio plazo. Que sean capaces de ordenar lo que piensan y que tengan las herramientas necesarias para poder expresarlo adecuadamente. Que, a medida que crecen, conserven lo mejor posible la capacidad de admirarse y preguntarse por lo que le rodea. Al mismo tiempo, con este libro y los ejercicios que se proponen, intentaremos que también aprendan a escuchar en lugar de oír, que sean capaces de analizar lo que otros niños dicen, de prestarles atención cuando otros hablan.

CUÁNDO COMENZAR A FILOSOFAR

En el ideario popular existe la idea de que la filosofía es una disciplina un tanto obtusa, difícil, poco nítida, algo que requiere mucha concentración, vocabulario y una gran capacidad de abstracción. Esta imagen popular que ha tenido la filosofía y los filósofos como personas singulares a las que se le presuponía una gran inteligencia y una especie de don para la oratoria y el análisis, ha tenido su faceta positiva y negativa. Por un lado ha servido para tenerle, hasta hace bien poco, cierto respeto intelectual a todo aquel que dedicaba su tiempo a la filosofía. Es una especie de halo «interculturaloide» que servía para distinguirse del resto de estudios, carreras, trabajos..., y que dotaba de cierta imagen de singularidad y distinción, si me apuran casi de exclusividad, a la hora de establecer diferencias con el resto de la formación existente. Pero por otra parte, sobre todo desde que la globalización y el pragmatismo radical se han convertido en seña de identidad del siglo XXI, desde que la productividad parece ser el eje referencial del sistema, la filosofía está sufriendo sus peores momentos. Se le acusa de no ser un elemento práctico para la vida, de no producir. Se arrincona a los filósofos como bichos raros que han perdido su perspectiva sobre la realidad porque se han remontado a un mundo de las ideas que se aleja de la inmediatez en la que vivimos. Este es uno de los motivos por los que la filosofía está desapareciendo de los planes de estudios en los programas educativos de países como España. Cada vez más gente cree que la filosofía no «sirve para nada», que es más necesario dedicar las horas de enseñanza de ese temario para otras cosas que son más productivas a la hora de encontrar trabajo.

Pero esto no es cierto, la filosofía academicista, la que se aprende en las facultades, la que se publica en libros con títulos indescifrables, esa que se dedica a discurrir sobre la teoría, es solamente un modelo de filosofía. Tenemos que distinguir entre esta filosofía teórica que de manera consciente y elitista se ha separado de la gente, que ha desarrollado un lenguaje muy técnico y especializado orientado a eruditos y la filosofía práctica, la que tuvo su origen en la Grecia y Roma clásicas, donde un conjunto de filósofos centraban sus enseñanzas en mejorar la vida de las personas, independientemente de su nivel cultural, económico, social..., filósofos del pueblo y para el pueblo que reflexionaban sobre el mejor modo de lidiar contra el sufrimiento y el dolor, o aconsejaban sobre la importancia de saber distinguir los distintos modelos de amistad, o le decían a la gente que para ser feliz había que tener claro qué cosas dependían de uno mismo, y qué cosas no podían controlar. Esta es la filosofía que intentaremos poner práctica en nuestras sesiones. Porque este modelo de filosofía es útil para que nuestros chicos y nuestras chicas puedan organizar su pensamiento y sean capaces de expresarlo. Usaremos temas y asuntos que estén relacionados con sus circunstancias, con sus contextos e intentaremos que reflexionen sobre su realidad.

Cuando hablo de filosofar puede que a muchos progenitores se les venga a la cabeza la imagen de un hombre anciano con barba y solitario que habla cosas de tan alto nivel intelectual que nadie comprende, pero nada más alejado de mi pretensión. Cuando hablo de «comenzar a filosofar» me refiero a comenzar a ser conscientes del ejercicio de pensamiento que tienen que realizar. Desde esta perspectiva entiendo a la filosofía como el arte de enseñar a pensar bien, es decir, pensar partiendo desde la individualidad de cada uno, pero teniendo en cuenta su contexto y las circunstancias que le rodean, tanto a él, como a los demás. Ser un filósofo es perfeccionar cada vez más esta capacidad de pensar bien y cuando hablamos de niños, tenemos que hacerlo y exigirles que lo hagan, partiendo de sus circunstancias reales.

El problema es que estamos sometidos a un sistema educativo diseñado para formar personas capaces de trabajar, que sean competentes para encontrar un puesto de trabajo o de generar el suyo propio por medio del desarrollo de una serie de aptitudes cuyo principal objetivo es prepararlos para este mundo laboral olvidando que la vida es algo más que el trabajo. Buscamos el pragmatismo de las asignaturas a lo largo de la educación académica (incluido las extraescolares) y olvidamos que tenemos otras facetas personales iguales o más importantes que la formación exclusiva para la vida laboral.

Por eso es tan importante poner en marcha programas académicos que ayuden a que nuestros niños sean capaces de desarrollar el pensamiento crítico y analítico desde la más temprana edad. No se trata de enseñarles filosofía, se trata más bien de que a diario dediquen unos pocos minutos, solo unos minutos, a pensar sobre temas de la vida cotidiana, temas que forman parte de sus circunstancias y que sean capaces de organizar sus pensamientos, analizar sus emociones y comprender las de los demás y además sean capaces de expresar lo que sienten y piensan de manera que se hagan entender entre iguales. Si bien presentar un programa académico específico sobre pensamiento crítico sería utópico, poco realista y necesitaría formación para los maestros y docentes, por el contrario, presentar pequeños ejercicios adaptados a todas las edades y circunstancias que apenas impidan el normal desarrollo de una clase, no supondrían ninguna perturbación disruptiva en la cotidianeidad de nuestros alumnos y docentes. Pero si además logramos incorporar estas pequeñas rutinas de pensamiento en casa, como si de algo cotidiano y normalizado se tratase, entonces habríamos resuelto gran parte de la problemática.

El tema de las edades, sobre todo cuando se trata de la enseñanza primaria, es complicado porque existen diferencias significativas entre los alumnos de seis años de primero de primaria y los de doce, de sexto de primaria. Pero lo que aquí expondremos se trabajó en un gran rango de edad, incluidos niveles universitarios y al ser una metodología genérica y adaptable, los resultados siempre fueron positivos.

Las reflexiones que hemos obtenido son de lo más variopinto, pero cabe destacar que, a partir de los seis y siete años, parece que al niño se le despierta una necesidad por quererse explicar qué provoca una simpatía hacia los ejercicios de pensamiento crítico. Sin embargo, a medida que trabajamos estos ejercicios con jóvenes e incluso en algún taller de adultos, mi sorpresa fue mayor. Una de las bases de los ejercicios es que aprendan a realizar buenas preguntas a partir de algunos elementos que les presentamos, pues no deja de ser curioso que ante la misma actividad, los niños de once años diseñaran las mismas preguntas que alumnos de diecisiete o que los adultos con los que trabajamos. Esto nos puso en alerta sobre el gran problema que conlleva no educar a las personas en el desarrollo del cuestionamiento, en la capacidad de hacer preguntas relevantes. Es decir, llega un momento en nuestro desarrollo educativo en el que nos estancamos a la hora de saber realizar buenas preguntas y las buenas preguntas son las que nos fuerzan a realizar buenos análisis de cara a obtener buenas respuestas, pero es cada vez más complicado. Por lo que he podido observar, el cuestionamiento se queda en una fase casi infantil y a las personas adultas, cuando les pides que elaboren cuestiones para abrir debate, no son capaces de mejorar el nivel de cuestionamiento de una niña de once años. Por eso me parece imperioso y casi obligatorio trabajar de manera directa el pensamiento crítico, pero a ser posible desde la infancia.

Hemos intentado trabajar en la escuela también la educación infantil pero después de tratar durante mucho tiempo de sistematizar el proceso dentro de un aula hemos detectado que el hábito de pensar bien se trabaja de modo directo y mejor en el hogar y que además es más eficaz siempre que se haga acompañado y de manera casi natural. Es decir, los niños pequeños que poníamos delante de una *tablet* para resolver problemas de puzles o de lógica tarde o temprano lo solucionaban pero después no demostraban mejores destrezas de pensamiento que otros a los que estos juegos no les llamaba la atención. Sin embargo pudimos observar que si los niños eran guiados por sus padres por medio de la mayéutica (el arte de hacer preguntas que abordaremos más adelante) a mantener conversaciones en casa, tras varias sesiones, ellos mismos empezaban a buscar a los padres para preguntarles o contarles las cosas que les estaban sucediendo. Es decir, cuando están entre los dos y cinco años, el mecanismo de pensamiento crítico tiene un peso social muy importante y las familias que mantenían diálogos conscientes con sus hijos todos los días, prestándoles atención y trabajando el cuestionamiento por medio del uso de preguntas, lograban que estos, tras apenas un mes, entraran de manera casi natural en el hábito del diálogo a través del cuestionamiento y poco a poco preferían pasar más tiempo conversando con sus adultos que jugando solos.

¿QUÉ ES EL PENSAMIENTO CRÍTICO?

He pasado cerca de año y medio estudiando múltiples definiciones sobre lo que es el pensamiento crítico, muchas de ellas provenientes del ámbito pedagógico. La gran mayoría lo dividen en una serie de competencias importantes de cara a trabajar cada una de ellas de manera específica y la sumatoria de todas sería el total del concepto «pensamiento crítico». Pero no existe un acuerdo por parte de la comunidad educativa, ni académica en dar una definición concreta que aúne distintas posturas, quizá por este motivo, nunca se ha implementado de manera específica un método sencillo, directo y consensuado para trabajarlo.

Hay múltiples definiciones pero nosotros hemos llegado a la siguiente conclusión: el pensamiento crítico es una capacidad que todos traemos de serie, relacionada con la manera de entendernos a nosotros, a los demás y al mundo que nos rodea. El pensamiento crítico es el utensilio que trae nuestro ADN para saber interpretarnos a nosotros, a las demás personas, a las circunstancias que nos configuran, tanto a nosotros como a los demás, unido al conocimiento del contexto en cada momento. Pero si tenemos que definirlo a partir de sus componentes tendremos que seleccionar dos que, después de mucho estudio, son los elementos que comparten gran parte de todos los análisis que se escriben sobre este tema: las circunstancias y el contexto. El trabajo que hemos estado realizando durante un año para poner a prueba esta metodología tiene como base estos dos elementos. Los ejercicios que se han diseñado, tanto para el hogar como para el aula, han procurado no perder de vista estos componentes.

Por una parte tenemos las circunstancias. Las circunstancias son todos esos elementos que no elegimos en nuestra vida pero que nos van formando, que nos influyen de manera directa en nuestro modo de ser, nuestra manera de pensar, nuestra filosofía de vida…, el lugar en el que naces, la familia que te toca, el colegio al que vas, el barrio en el que te crías, el perfil religioso de tu familia, el nivel cultural de tus padres, el nivel económico… Una parte importante de lo que somos está determinada por las circunstancias (que no se eligen) y a las que cada vez prestamos menos atención. Pero si queremos aprender a pensar bien no podemos olvidar que llevamos esa mochila encima que inevitablemente condicionará una parte de nuestra manera de entender el mundo. Es necesario que eduquemos a nuestros hijos para que entiendan cuáles son sus circunstancias y así sean conscientes de los elementos que van influyendo poco a poco en su manera de ver la vida. Esto no significa que las circunstancias vayan a determinar la vida de una persona pero es significativo que las tengan en cuenta a la hora de tener los pies sobre la tierra. A esto se le suma que para aprender a pensar bien es necesario conocerse a uno mismo lo mejor posible de manera que saber cuáles son estas circunstancias que tú no has elegido pero que forman parte de ti, es esencial.

Pero si queremos completar este primer elemento que forma parte del pensamiento crítico es necesario poner en valor las circunstancias de los demás, del «otro». Durante todo este año de trabajo hemos insistido mucho en la necesidad de salirse de esta ola de egolatría y vanidad que parece recorrer el mundo para poner el acento en el otro. Porque si queremos que nuestros hijos piensen bien tienen que conocer las circunstancias de las personas que les rodean. Si queremos saber por qué la gente piensa como piensa, si queremos entender una parte del mundo que nos rodea es necesario que hagamos un esfuerzo intelectual por conocer las circunstancias ajenas.

De modo que el primer elemento a trabajar con ellos será el análisis y conocimiento de las circunstancias propias y ajenas. Y junto a este elemento le sumamos un segundo: el contexto. Es necesario que sean capaces de ir reconociendo los diferentes contextos en los que se desenvuelven, que sepan interpretar qué elementos componen cada contexto y sobre todo que sean capaces de modificar su actitud en función del contexto en el que se encuentren. De modo que si queremos que ellos vayan tomando mejores decisiones en la vida, tendremos que insistirles en que conozcan bien las circunstancias suyas y ajenas porque esto les ayudará a entenderse mejor a sí mismos y a los otros, y además recalcar que vayan analizando los contextos que en cada momento se les presenta por delante.

Pero aparte de estos elementos hemos de decir que aprender a pensar bien requiere tener en cuenta otros dos componentes esenciales: el razonamiento y la emoción. Pensar es un proceso mucho más complejo que simplemente razonar. Mucha gente puede razonar muy bien, pero pensar muy mal, es decir, pueden ser grandes analistas de datos pero perfectos imbéciles en su cotidianeidad llegando a ser unos desgraciados que destilan infelicidad allá por donde pisan. Y esto ocurre porque la parte de la comprensión emocional de su persona unido a las emociones de los demás, apenas tiene importancia para ellos y no han logrado conocerse bien. Por el contrario, podemos encontrar personas que tengan muy bien educado su lado emocional pero que sean nefastos a la hora de realizar cadenas de razonamientos, es decir, que se conozcan bien en el sentido emocional pero que sean un desastre cuando tratan de organizarse la vida. Por eso aprender a pensar requiere ese equilibrio entre las emociones y el razonamiento que aquí hemos trabajado durante un año.

FILOSOFÍA PARA NIÑOS

De modo que creo no equivocarme cuando digo que esta sociedad está muy necesitada de pensamiento crítico, no dejan de reclamarlo desde las instituciones educativas y se introducen estas dos palabras en todas las programaciones de las asignaturas de manera transversal, se intenta que nuestros alumnos desarrollen el pensamiento crítico, se potencian las competencias educativas sobre pensamiento crítico, incluso dependiendo del lugar, se aplica el programa de filosofía para niños que en los años 90 desarrolló Matthew Lipman tratando de canalizar esta demanda de manera concreta.

El método Lipman de filosofía para niños lleva existiendo mucho tiempo pero no termina de asentarse como una metodología de trabajo universal, no acaba de ser conocido por muchos docentes, ni de ser implantado en el sistema educativo. Lipman usa textos adaptados a todas las edades para abrir los debates. La lectura es el eje desde el que se comienza el taller. En la metodología que sugiere, los alumnos tienen que ponerse en círculo de manera que entre todos puedan mirarse directamente. Después se lee un texto, por lo general son lecturas adaptadas a su edad en las que los autores previamente han trabajado temas muy concretos, y se realizan preguntas sobre el texto y a partir de aquí se tratan de contestar en forma de diálogo. El taller filosófico es dirigido por el profesor o si queremos usar un lenguaje menos académico por el facilitador y se cierra la sesión cuando se crea oportuno. Esto es, *grosso modo*, el modelo de trabajo de la filosofía para niños de Lipman.

Es un modelo interesante, qué duda cabe. Pone en marcha mecanismos de pensamiento y de debate, los participantes tienen que analizar, pensar y organizar sus ideas a la vez que escuchar las ideas de los demás. Lo que no deja de ser extraño es que, después de tantos años, este método no termine de implantarse en los programas educativos. Desde mi perspectiva, el principal problema que este método tiene es la necesidad de formar previamente al profesorado, de darles los libros de trabajo, de decirles qué es lo que tienen que hacer, qué lecturas trabajar... A eso le sumo que no trabajan los elementos que yo considero esenciales para que aprendan a pensar críticamente: El asombro, la curiosidad y el cuestionamiento, el arte de hacer/se preguntas. Además los libros de Lipman llevan cuadernos para los formadores donde les exponen los temas y la metodología para poner en práctica, les dicen cómo organizar el espacio físico, dejando poco margen de maniobra, obviando la naturalidad y experiencia y sobre todo la frescura de los docentes y el perfil de los participantes.

Existen otros muchos factores de esta falta de popularización que pasan desde intereses políticos hasta el rechazo que suele provocar encontrarse de frente con la palabra *filosofía*, pero creo que uno de los más relevantes pasa por el uso de los textos. Se usa el texto como herramienta desde la que comenzar todo, como pretexto, pero corremos el peligro de que las preguntas que se realicen por parte de los alumnos tras la lectura del texto no tengan la profundidad, trascendencia o importancia suficiente como para poder entablar una discusión, debate o argumentación que valga la pena, sobre todo si hablamos de edades muy tempranas. El texto se convierte así en un arma de doble filo si no tenemos la habilidad suficiente para reconducir la discusión y en este sentido la labor del organizador del taller llega a adquirir demasiado peso el proceso de reconducción del debate. Tras hablar con algunos especialistas del método de filosofía para niños de Lipman me confesaban que, además de formarse en la metodología y los libros, una de las cuestiones que más les inquietaban eran las sensaciones tan diferentes que percibían cuando terminaban los talleres. En algunos talleres la participación y la calidad de los textos que se leían solían ser tan buenos que la sesión apenas necesitaba reconducción, pero en otras sesiones la participación, la implicación y la calidad de las preguntas o de las aportaciones de los participantes provocaban que apenas hubiese diálogo, que las argumentaciones que se ofrecían fuesen demasiado peregrinas y se necesitaba mucho tiempo para reconducir el tema. La sesión media se encuentra entre cincuenta y ochenta minutos. Y teniendo en cuenta cómo andamos de tiempo en la sociedad contemporánea es muy complicado poder organizar con cierta frecuencia este tipo de talleres de filosofía para niños y que además logren que eso se convierta en un hábito.

Cuando nosotros hemos intentado llevar a cabo estos talleres en clases de primaria y secundaria donde hemos puesto en marcha este mecanismo de filosofía para niños al estilo Lipman otro de los problemas con los que nos hemos topado, sobre todo con los más pequeños, era la organización espacial de la actividad. Algunas maestras tenían que ponerse a mover pupitres de un lado a otro para formar el círculo y en este tránsito los niños se alteraban, prolongando así el tiempo necesario para poder comenzar la actividad. Y después, al terminar, había que recolocar de nuevo la clase con el consiguiente jaleo e inversión de tiempo. A muchos docentes les resulta un poco molesto tener que cambiar la estructura de sus clases, romper con su dinámica rutinaria pero sobre todo, lo que más preocupaba en las etapas más infantiles, era el control y la pérdida de atención que se provocaba cuando se tenían que poner a colocar todo para empezar.

Este fue, entre otros motivos, lo que me llevó a tomar la decisión de crear una metodología propia, dejando libertad al docente para organizar los pupitres tal y como cada maestro quisiera, de manera que con su ayuda creamos un sistema sencillo, tanto para el hogar como para la clase, donde se pudiera trabajar desde la clásica organización de pupitres hasta la situación donde estos se pusieran en corro, o en asamblea. En casa, el trabajo de pensamiento crítico no tiene que requerir un especial espacio físico como veremos más adelante. Sabiendo esto decidimos decantarnos por versiones distintas con las que incentivar la reflexión, en algunas sesiones usamos historias orales, que nos permitían gesticular, modular la voz y comunicar en directo de manera más evidente, y, en otras ocasiones, usamos para estimular las preguntas y el debate, imágenes, tanto estáticas como dinámicas. También hubo canciones, dibujos y, en algunos casos, hasta usamos plastilina. Pero donde más insistimos fue en el formato imagen.

Estamos rodeados de la imagen-pantalla y creo que es de vital importancia reflexionar a través de las imágenes y con las imágenes. Pero por norma general no se les dota a los profesores ni a los educadores de una herramienta sencilla, de una metodología fácil para trabajar el pensamiento crítico, sobre todo el visual, que no requiera instrucción y cursos de formación previos, una metodología que sea capaz de ayudar a nuestros hijos a adquirir tan deseada competencia. Este libro trata de ayudar a cubrir esta necesidad más imperiosa que nunca para los tiempos que corren y que se relaciona con educar la mirada.

No somos capaces de insertar en nuestros infantes y jóvenes el pensamiento crítico visual. La pléyade de temas que aquí se ofrecen para trabajar con ellos el pensamiento crítico, el análisis y el diálogo filosófico tiene como objetivo que ellos sean capaces de ir armándose su propia idea del mundo pero con una perspectiva crítica. Al igual que Kant, mi idea no es infantilizar su pensamiento diciendo lo que es correcto o falso para cada cuestión que se plantea. Como defendía el filósofo alemán, la idea de este libro es que ellos sean capaces de ir abandonando, poco a poco, su minoría de edad mental, que sean capaces de elaborar, progresivamente, sus propias ideas en torno al mundo en el que viven. Si son capaces de aprender a tomar cierta distancia de lo inmediato, de las cosas que hacen a diario sin pensar, si son capaces de reflexionar más allá del acontecimiento cotidiano, entonces habremos ganado mucho terreno a la hora de educar a personas autónomas, que no sean fácilmente manipulables, personas que irán construyendo sus propios criterios de manera realista y equilibrada.

PROHIBIDOS LOS CASTILLOS EN EL AIRE

Cuando se trata de analizar la realidad que nos rodea bajo un prisma filosófico nunca me ha gustado filosofar por filosofar. Entiendo que exista una filosofía academicista en la que los grandes pensadores se hayan inclinado por teorizar sobre la vida, el amor, el hombre, la moral, la política..., pero lo que no logro aceptar es que muchos de ellos no hayan sido capaces de dedicar parte de su sabiduría y de su tiempo a acercar sus análisis a la gente, a las personas normales que viven su cotidianeidad alejadas del análisis filosófico. Existe un fino hilo de egolatría, orgullo y sobre todo de vanidad en el mundo académico que parece negarle a la gente de a pie, a aquellos que por diversas razones no han podido cursar estudios superiores, el acceso a sus conocimientos.

La filosofía se ha encaramado a su torre de babel intelectual y parece decir desde las alturas que todo aquel que quiera aprender un poco de su sabiduría tendrá que realizar el esfuerzo de subir hasta allí. Y en parte comprendo esta faceta exigente y elitista que tiene aquella filosofía «profesional» que requiere un lenguaje técnico determinado y una metodología concreta para poder ser comprendida. Pero lo que no logro entender es que no se haya completado esta faceta con la faceta original que ya tenían muchos pensadores clásicos cuando se ocupaban de los asuntos mundanos, cuando hablaban con el panadero o el pescador, poniendo al servicio del pueblo sus conocimientos, ayudando a las personas normales a enfocar la vida con una perspectiva filosófica. Porque en su origen la filosofía tenía escuelas de pensamiento que se orientaban a educar a los hombres para su vida, era una unión entre teoría y praxis muy admirada y reconocida por el pueblo. Creo que en muchas ocasiones esto ha pasado porque los filósofos han vivido en el Mundo de las Ideas, incapaces de concretar, de asentar sus sistemas especulativos y sus modelos utópicos en el planeta Tierra y por eso la filosofía se ha alejado de la vida, se ha plagado de «experimentos mentales» y las personas han dejado de prestarle atención, en parte porque no veían pragmatismo en sus enseñanzas, en parte porque no lograban comprender qué es lo que estos filósofos decían. Siendo así no me extraña que nuestros responsables políticos, sean quienes sean, cuando tienen el trabajo de organizar un sistema educativo, decidan que la filosofía academicista no es prioridad para educar a las personas en el siglo XXI. Supongo que estos responsables políticos recuerdan sus clases y las enseñanzas filosóficas como un compendio de teorías que poco pueden aportar en las necesidades formativas de nuestros hijos y alumnos, y de ahí que la filosofía esté desapareciendo poco a poco de los planes de estudio. Por eso me he decantado por acercar la filosofía a la vida, ya que la vida no se acercará a este modelo de filosofía universitaria que poco o nada tiene que ver con las inquietudes cotidianas de la gente corriente.

Y como no soy de filosofar por filosofar, fue un hecho concreto, en un día concreto, el que me abrió los ojos a la hora de ponerme manos a la obra con el desarrollo del pensamiento crítico. Comencé preocupado por mis dos hijos, ahora mi mayor tiene trece años y mi pequeña once, y desde que apenas tenían cuatro años, mi mujer y yo quisimos trabajar con ellos el pensamiento crítico de la manera más eficaz posible. Y tal fue mi preocupación que empecé a investigar talleres y metodologías pero no terminaba de ver resultados firmes. O eran técnicas muy engorrosas, o requerían mucho tiempo, o a ellos no les parecía interesante. De modo que hace dos años diseñé un método de trabajo que pudiera ser fácil de practicar, efectivo y que además lograra evaluarse de alguna manera, de cara a ver el progreso del niño. Y como mi mujer y yo pertenecemos al ámbito educativo logré reunir un grupo de maestras y maestros interesados en poner en práctica la metodología y evaluarla. Finalmente, en el verano de 2018, tras un curso escolar completo trabajando en distintos colegios, tanto de capitales de provincia como de núcleos rurales de población, para abarcar la máxima diversidad posible y con niños que van desde los cinco años hasta los doce, recibí todo el material que se trabajó en clase, incluidas las fichas de evaluación, con la agradable sorpresa de ver que los indicadores que había seleccionado para evaluar el progreso del método habían evolucionado y, además, la respuesta de los maestros había sido muy buena. Durante todo ese tiempo, en casa, pude observar cómo nuestros hijos iban asimilando un modo de ver la vida mucho más analítico pero sobre todo lo hacían de manera natural y lo empleaban dentro de sus distintos núcleos, por ejemplo, a la hora de examinar a sus amistades, de entender a sus profesores o de cuestionarse algunas cosas que veían en la televisión o en las redes sociales.

Este libro, por lo tanto, más que un método para aprender qué es la filosofía y quiénes eran y cómo pensaban los filósofos sobre los temas que nos rodean, es un manual para aprender a filosofar, aprender a pensar críticamente. Es un libro que se sustenta en hechos reales, con maestras y maestros reales, madres y padres reales, con colegios y aulas reales, con niños normales dentro de la variedad y riqueza que aportan los colegios, donde hay alumnos de Pedagogía Terapéutica, con otros alumnos diagnosticados con asperger, con sobredotación intelectual o déficit de atención, con algunos más tímidos y otros más dicharacheros, en definitiva, con la riqueza que aporta realidad y los problemas normales que podemos encontrarnos en cualquiera de nuestras escuelas. Pero aparte del ámbito escolar también he querido trabajarlo fuera de las aulas, con algunas familias normales, y para eso he desarrollado una metodología que se puede exportar a cualquier ámbito extraescolar, sobre todo en el hogar, de cara a que cada progenitor pueda hacerlo sin apenas esfuerzo.

Existen muchas diferencias con respecto a otras metodologías de filosofía para niños que se llevan intentando implantar desde hace décadas en los sistemas educativos pero que no terminan de fructificar, no cuajan dentro del paradigma de educación que tenemos. Educación entendida en los tres ámbitos de acción más importantes: el personal, dentro del núcleo familiar; el pedagógico, en el ámbito docente, y el social, en los planos político y mediático. La pretensión de este trabajo realizado es que nuestros hijos sean «más filósofos», en el sentido de personas con un pensamiento crítico rico y equilibrado y hacerlo desde una perspectiva actualizada, contemporánea y realista que haya sido evaluada de manera concreta y también progresiva, sin castillos en el aire.

PÉRDIDA DEL ASOMBRO

Una de las manifestaciones culturales que está empezando a invadir los modelos de vida de nuestros niños-adolescentes es la pérdida del asombro. No cesa de reclamarse la necesidad de educar en la creatividad, en el pensamiento creativo, en potenciar una especie de pensamiento divergente con el que el niño sea capaz de dar múltiples respuestas a un problema. Pero a su vez lo saturamos de estímulos a los que acudir, les trazamos tan detalladamente lo que tienen que hacer a cada segundo, que no les dejamos tiempo para que desarrollen la curiosidad y mucho menos el asombro. En un mundo tan imprevisible y tecnologizado como el nuestro parece que estamos asistiendo a la decadencia de la curiosidad, del asombro, de la intriga, de la imaginación..., de modo que no paran de presentarse propuestas educativas novedosas en torno a la recuperación o potenciación de las mismas.

Es importante no olvidar que todos llegamos al mundo envueltos de una actitud filosófica que pivota en torno a tres ejes principales: el asombro, la curiosidad y el cuestionamiento. Estos elementos son los responsables del progreso humano y del origen de la filosofía, de ese modelo de pensamiento que se plantea las cuestiones esenciales sobre la naturaleza, sobre la organización política, sobre el comportamiento y la ética, sobre el conocimiento... Como bien dice Michel Onfray, uno de los filósofos más prolíficos del momento: «Todos nacemos filósofos pero solo algunos tenemos la suerte de permanecerlo cuando crecemos».

Para aprender a pensar bien es muy importante poner en el centro del desarrollo mental estos tres elementos. La idea es que, a medida que nuestros hijos/alumnos crezcan, intentemos que no pierdan ninguna de estas tres cualidades que suelen estar condenadas a desaparecer. Y si no, pregúntense: ¿Cuándo fue la última vez que se asombraron de verdad? ¿Cuándo se quedaron impactados varios días o incluso semanas, por cualquier cosa? Cada vez tenemos más problemas para seguir asombrándonos de algo y en caso de hacerlo, lo normal es que el asombro se evapore con la misma velocidad con la que se produce y que el rédito intelectual que nos deja apenas se le pueda extraer provecho alguno.

En muchas ocasiones el peso de la culpa (si es que puede llamarse así) de esta pérdida de asombro suele recaer sobre el sistema educativo reglado y se le acusa de usar una metodología aburrida y condicionada a la memorización que cercena la capacidad de investigar y curiosear por parte del niño. Se le culpa de tener un diseño curricular obsoleto y anticreativo donde las asignaturas que pudieran ayudar a desarrollar o potenciar el lado imaginativo y creativo del niño (aquellas consideradas más artísticas) han sido generalmente ninguneadas por parte de la sociedad y de la propia comunidad educativa, empezando por los políticos que son los encargados de diseñar los planes de estudios. Lo paradójico del problema es que si bien han eliminado o ninguneado estas asignaturas «más creativas» con el argumento de fondo de que es necesario diseñar un plan de estudios que esté acorde con el mundo laboral en el que después tendrán que desenvolverse, por el contrario, el mundo laboral ya lleva un tiempo reclamando precisamente esa faceta que se apartó del plan educativo porque se pensaba que no era los suficientemente productiva para preparar laboralmente a nuestros hijos.

Pero en realidad existe una especie de confabulación social que está cercenando a pasos agigantados esta pérdida del asombro. Nosotros como padres somos los primeros que dejamos que nuestros hijos se eduquen bajo esa hiperestimulación de la que hemos hablado sin darle importancia a la saturación de estímulos que están sufriendo.

Consecuencia: asistimos de manera más evidente a la disminución no solo de la capacidad creativa de las generaciones presentes sino que además llevamos un tiempo en el que cada vez es más difícil cultivar en ellos la capacidad de asombro seguida de la capacidad de preguntarse por el mundo que les rodea. Hay múltiples factores que están influyendo en que esto suceda, el diseño del sistema educativo sin duda no ayuda a mejorar esta capacidad de asombro, pero tenemos que añadirle algo muy sintomático del periodo histórico que estamos viviendo: la preponderancia de las pantallas. Lo queramos o no nuestro mundo está inundado de pantallas por doquier y somos (nuestros hijos también y sobre todo) grandes consumidores de imágenes virtuales (así denominaré a las imágenes que aparecen detrás de la pantalla).

El exceso de imágenes virtuales, la saturación de las mismas, la cantidad de información que a diario consumimos procedente de las pantallas están anestesiando al consumidor. Nuestros hijos, entre otros factores, cada vez tienen menos capacidad de interrogarse, de asombrarse; nuestros alumnos llegan a los colegios con una actitud más conformista y menos curiosa. Cada vez es más difícil provocar la sorpresa. Y si son padres o educadores entenderán de lo que les estoy hablando. Sobre todo con el tema de los tutoriales. Se ha puesto de moda entre nuestros niños, y no tan niños, el acudir a YouTube a ver tutoriales de cómo hacer algo. Sin duda es algo muy pragmático y útil cuando uno no sabe cómo hacer algo pero siempre, y repito, SIEMPRE, que previamente lo haya intentado por su cuenta y el máximo número de veces posible. De no ser así se pierde el interés por tratar solucionar el problema por ti mismo, por enfrentarte con sana curiosidad al reto que se pone por delante. Lo entenderán con algunos ejemplos. Entre nuestros hijos, como ya hemos comentado, el consumo de los *youtubers* está a la orden del día. Muchos de estos *youtubers* se dedican a jugar largas partidas de los juegos favoritos del momento y las comentan, explican los problemas del videojuego y enseñan cómo solucionarlos, dónde están los secretos, cómo ir pasándose las fases en cada momento... Recuerdo que despertó en mí mucha curiosidad descubrir a mi hijo mirando cómo estos *youtubers* jugaban a uno de sus juegos favoritos, el Minecraft. Le pregunté qué es lo que hacía y me dijo que estaba mirando cómo jugaba el Rubius (*youtuber* famoso) al Minecraft para hacer después lo mismo que el Rubius hacía en el videojuego. En ese momento le repetí lo mismo que le dije cuando años antes, al abrir los juguetes de los reyes magos, se dedicaba a imitar lo mismo que había visto en los anuncios de televisión y al poco tiempo se cansaba: «¡aprende a jugar tú mismo!». Este es uno de los problemas para trabajar el asombro, la curiosidad y la perseverancia que se cuela en un mundo inundado de pantallas en el que ellos se están criando sin aparente control. Lo que ven en estos vídeos después lo reproducen en el videojuego y la posible creatividad e imaginación que aporta un videojuego como Minecraft queda cercenada en pos de una mera imitación. En muchos casos incluso dejan de experimentar por ellos mismos para empezar directamente a hacer lo que han visto en las pantallas.

Están perdiendo la curiosidad de aprender las cosas por ellos mismos, ni siquiera se preguntan cómo se hacen y mucho menos por qué se hacen. Están inutilizando la capacidad de asombrarse, de enfrentarse a los problemas, de querer comenzar un proceso de autoaprendizaje. Si en la televisión salen anunciando un juguete y en cuarenta y cinco segundos dicen cómo se usa, cómo se juega con él y para qué sirve, después ellos repiten lo mismo y al poco tiempo se cansan del juguete, no son capaces de ver otros usos más allá del que han sido testigos a través de las pantallas. Se decantan por la imitación frente a la investigación, por la copia frente a la originalidad, no es de extrañar que desde el mundo laboral se pidan cada vez con más frecuencia profesionales que sean creativos, personas capaces de enfocar los problemas de distintas maneras, gente que tenga la valentía de enfrentarse a un reto nuevo sin tener parámetros previos a los que acudir para imitar.

Los verdaderos inconvenientes llegan cuando se enfrentan a los problemas vitales y apenas existen tutoriales en Internet que les digan cómo se solucionan esas dificultades. No hace mucho, aparecía una noticia del diario *The guardian* sobre el problema de la filosofía e Internet; el título decía lo siguiente: «La filosofía puede enseñar a los niños lo que Google no puede». En ella se exponía el empeño de los distintos Gobiernos de Gran Bretaña por insertar la filosofía en los planes de estudio de manera obligatoria. Alegaba que el esfuerzo en invertir más en ciencia, tecnología, matemáticas o ingeniería no servía para preparar a la gente joven en una educación cívica y profesional en plena era digital. Se necesitan personas que estén preparadas para preguntar y para contestar preguntas que no son *googleables*. Estamos en una sociedad que, a ojos del artículo (basado en los estudios de la Universidad de Harvard y avalado por las medidas del Gobierno irlandés, que ha puesto la filosofía como curso opcional en los planes de estudios de doce a dieciséis años), necesita cada vez más, formar a personas bajo el amparo del pensamiento crítico. Precisamos además que todo este progreso tecnológico se oriente hacia el desarrollo de un pensamiento humanista donde la filosofía tiene mucho que decir.

Para eso sirve esta propuesta de pensamiento crítico, este análisis sobre el mundo que les rodea que les fuerza a pensar y a realizar preguntas que por lo general nunca se han planteado. La idea no es solo que sean capaces de ordenar sus pensamientos, de escuchar atentamente a los compañeros y a otras personas de la sala, de saber expresar sus ideas y hacerse entender, sino también llegar a convertirse en los propios cuestionadores del mundo que les rodea. Si logramos que conserven o que incluso aumenten su curiosidad habremos logrado parte del objetivo.

La idea de fondo en los ejercicios que hemos trabajado y en la metodología que luego expondremos es encauzar este asombro hacia la curiosidad por medio de un cuestio namiento. Con el paso del tiempo, una vez que los niños se han acostumbrado a reflexionar sobre los temas que se les proponen, ordenar sus pensamientos, expresarlos..., entonces se les pide que ellos sean los que formulen las cuestiones que puedan dar lugar al debate. Es decir, la idea es que la capacidad de preguntarse por el mundo en el que se mueven no se pierda, que sean ellos los que adquieran el hábito de preguntarse sobre aquello que les rodea. Tenemos que seguir educando en el asombro, en conservar y, si es posible, aumentar la capacidad de asombrarse de nuestros jóvenes.

Si se pierde el asombro, si ya casi nada les provoca perplejidad, estaremos llevándolos de la mano hacia el mundo del adulto inmunizado frente al sufrimiento del otro, cínico respecto a la búsqueda de la autenticidad en el plano personal, un mundo donde, como dice la canción de Supertrump, se termina convirtiendo a la gente en vegetal, sin criterio propio.

La canción se titula *The Logical song* («La canción lógica») y la letra dice:

Cuando era joven
la vida me parecía maravillosa
un milagro, era hermosa, mágica.
Y todos los pájaros en los árboles
cantaban tan felizmente
con alegría, juguetones me miraban.

Pero entonces me mandaron lejos
para aprender a ser sensato,
razonable, responsable, práctico.
Y entonces me enseñaron un mundo
donde tenía que mostrarme digno de confianza,
distante, intelectual, cínico.

Hay momentos cuando todo el mundo duerme
en los que las preguntas se vuelven demasiado profundas,
para un hombre tan sencillo como yo.
¿Quieres decirme, por favor, lo que hemos aprendido?
Sé que suena absurdo
pero por favor dime quién soy.

Pero ten cuidado con lo que dices
o te llamarán radical,
liberal, fanático, criminal.
No te comprometas.
Queremos sentir que eres aceptable,
respetable, presentable, un vegetal.

Pero por la noche, cuando todo el mundo duerme
las preguntas se vuelven demasiado profundas
para un hombre sencillo como yo.
¿Quieres decirme, por favor, lo que hemos aprendido?
Sé que suena absurdo
pero por favor dime quién soy.

A medida que crecemos nos piden racionalidad y corrección, aparentar ser respetables y cuidar siempre las formas y las opiniones, no sea que nos llamen radicales o fanáticos. La canción es de 1979, pero pocas cosas han cambiado en lo que respecta a la realidad del proceso educativo. ¿Dónde quedó nuestro asombro y la curiosidad en todo este proceso en el que el objetivo final es encajar, cual mecano, en el puzle de la corrección social?

Perder el asombro es doloroso porque, de no recuperarlo, podemos terminar en la apatía, en el hastío, o lo que es peor, en el cinismo. Sentir que nos quedamos perplejos ante elementos como la grandeza de la naturaleza, o la bondad y solidaridad de los pobres, o ante el amor incondicional de un animal hacia su dueño, es necesario para saberse parte de una colectividad interconectada. Pero estamos saturados, atiborrados de estímulos y de imágenes hasta el extremo de ver en una pantalla una patera de emigrantes subsaharianos desnutridos, famélicos, sufriendo hipotermia por una travesía feroz en balsa en un mar al que se lanzaron sin saber nadar, y en menos de treinta segundos olvidar este drama y pasar a celebrar el último triunfo de un equipo de fútbol.

PROTOFILOSOFÍA: TRABAJAR EL ASOMBRO, LA CURIOSIDAD Y EL CUESTIONAMIENTO

Para mí estos tres elementos deben trabajarse de manera constante a lo largo de la vida de nuestros hijos si queremos que el pensamiento crítico se afiance en ellos. Y tenemos que hacerlo desde la cotidianeidad, de la manera más natural posible, sin grandes aspavientos, casi sin darnos cuenta. Si queremos que nuestros hijos aprendan a pensar críticamente tenemos que ayudarles a desarrollar estas tres cualidades que todos traen de serie, pero que se van debilitando a medida que nos hacemos mayores: el asombro, la curiosidad y el cuestionamiento. Cuando son pequeños el asombro es algo innato, la sorpresa, la fascinación parecen acompañarlos en todo momento, pero a medida que crecemos vamos perdiendo esta capacidad.

Una de las cosas que potencia el desarrollo del asombro es controlar el contenido de lo que visualizan como entretenimiento, por ejemplo, los dibujos animados. Cuando son muy pequeños los dibujos animados suelen acudir al estímulo de los colores y los sonidos, pero a medida que crecen es interesante que les ayudemos a analizar el tipo de dibujo animado o serie de televisión que ven, de manera que intentemos que se den cuenta de que el esquema repetitivo del mismo puede eliminar el asombro y la sorpresa. Por suerte los dibujos animados y las series empiezan a tener dinámicas diversas, donde el relato ya no es lineal, donde los finales suelen ser más inesperados y pueden ayudar a mantener el asombro con los cambios de argumentos durante el entretenimiento.

Otro de los ejercicios más útiles para que no pierdan el asombro es el de convertirnos en ejemplo para ellos, por eso es esencial que en la cotidianeidad seamos capaces de mostrarles los pequeños y maravillosos detalles de las cosas que nos rodean, como aprovechar una puesta de sol para remarcarles la belleza de la luz, o mostrarles la maravilla de nidos que hacen los pájaros, o el funcionamiento de una planta carnívora... La idea es que sean capaces de asombrarse en su cotidianeidad y no tanto en la excepcionalidad.

Pero debemos tener cuidado de que el asombro, entendido como «maravillarse» o «fascinarse», no termine su recorrido aquí. Si queremos que el asombro sea esa actitud protofilosófica que dé paso al conocimiento, es necesario que la asociemos con la curiosidad. Cuando son pequeños lo ideal es seguirles el juego, que sean capaces de percibir en nosotros que no solo nos hemos asombrado como ellos, sino que además somos curiosos y queremos saber cómo ha sucedido eso. Por eso cuando el asombro les llega es necesario que formulen preguntas, que se cuestionen las cosas y que los animemos a saciar su curiosidad desde pequeños. Cosas como por qué el girasol se mueve siempre de cara al sol, y ponernos con ellos a buscar las respuestas. Es necesario conducir el asombro hacia la curiosidad para que despierte el espíritu inquisitivo que todos llevamos dentro.

Internet y las consolas pueden ser una fuente maravillosa y estimulante de curiosidad o el peor enemigo de ella. Los videojuegos suelen plantearles una serie de retos que les supone probar, ensayar, indagar hasta poder ir pasándose las fases del juego, pero como ya dijimos, en los últimos años, los *youtubers* han colgado sus partidas y explican cómo jugar y superar cada fase del videojuego. Esto provoca que cuando el reto del videojuego se les presenta, en lugar de ejercitar su curiosidad por solucionarlo, acuden a Internet y se ahorran el ejercicio de tener que pensar. Por eso es fundamental que les animemos a que ellos sean los que procuren saciar su curiosidad lo mejor posible y que no sean otros los que les ahorren el trabajo de hacerlo.

Y por último tenemos que crearles el hábito del cuestionamiento. Si queremos que tengan las herramientas necesarias para enfrentarse al siglo XXI es necesario que estén siempre alerta, que activen el cuestionamiento para no dejar que nada se filtre sin haber realizado antes un análisis previo. Para esta fase lo más recomendable, independientemente de su edad, es potenciar el diálogo y sobre todo la conversación, preguntar mayéuticamente y procurar que ellos vayan habituándose a usar la mayéutica en su día a día, facilitando así que ellos construyan una identidad sólida por medio de la selección de ideas, valores, proyectos, perspectivas... que parta desde sus propias circunstancias hacia fuera y así eviten la necesidad de importar modelos ajenos a ellos.

CONTRA UNA EDUCACIÓN EGÓLATRA

No se trata solo de que aprendan a pensar por ellos mismos, nadie puede, ni debería, pensar por ellos, como es obvio, sino también de que aprendan a pensar por y desde ellos mismos hacia los otros, teniendo en cuenta que «los otros» es todo lo que les rodea, tanto las personas con las que conviven como las cosas que suceden a su alrededor y que les pueden afectar directa e indirectamente.

Una de las cosas que tenía claras cuando me puse manos a la obra es que no quería potenciar una educación ególatra, donde los docentes y los progenitores ambicionasen que los niños mejorasen en un modelo de competición, donde el ego y el progreso personal se presentan exclusivamente enfocados en el desarrollo de un pensamiento crítico que solo implicase mejora individual en el niño, olvidando su entorno, obviando a los demás. Porque si bien el niño puede mejorar algunas cuestiones personales sin embargo el equilibrio a la hora de tomar decisiones y asumir responsabilidades estará en relación también con la sociedad en la que se tendrá que desenvolver. Entiendo que muchos padres quieran que sus hijos progresen y amplíen al máximo sus potencialidades, de hecho el mercado de los libros de autoayuda y de *parenting* (libros orientados en la ayuda a la hora de la crianza) suele tener este perfil en el que siempre se dan consejos para educar a niños del modo más extraordinario posible, pero muchos adolecen de centrar esta autoayuda en el factor «otro», con lo que el equilibrio en el proceso educativo se desnivela.

Como ya he defendido, desarrollar adecuadamente el pensamiento crítico implica saber, preocuparse e interpretar no solo el contexto que tienen en cada momento a su alrededor sino también que alcancen a comprender el contexto de los demás. Junto a esto, es igualmente fundamental no solo que conozcan sus propias circunstancias de cara a conocerse mejor sino también las circunstancias de los demás, con el objetivo de entenderlos mejor. Por eso no tiene sentido que el pensamiento crítico se desarrolle de manera ególatra, donde se busque el éxito individual en el análisis de las necesidades, emociones, ideas, sentimientos de uno mismo, sino que además, a este proceso, si queremos que sea completo y evite el camino del ego, es necesario que se oriente hacia elementos externos a ellos mismos.

Los niños tienen una tendencia a ser narcisista y ególatras, es normal, el mundo se reduce a «su mundo» y tenemos que ir socializándolos a medida que crecen con la idea de que también les resulte importante y necesario pensar en los demás. Pero si queremos tener éxito en nuestra labor educativa a la hora de formar personas inteligentes y equilibradas es necesario que sepamos buscar el difícil equilibrio entre en narcisismo y la humildad, entre el egoísmo y la solidaridad. Los niños, como casi es natural, tienen una tendencia a enfocar la atención en dos cosas: el mundo que les rodea y que les afecta por una parte y, por otra, la atención hacia sus deseos.

Estamos en un mundo donde el narcisismo del yo tiene que estar constantemente reforzado por la necesidad de reafirmación por parte del otro, por la necesidad de ser admirado, idolatrado y si me apuran, hasta amado. Estamos viendo que las personas cada vez tienen más necesidad de halagos, sobre todo si miramos a sus redes sociales, a su mundo virtualizado donde ansían constantemente la aprobación del otro en forma de *like*.

Que somos animales políticos ya lo decía Aristóteles hace dos mil quinientos años, es decir, necesitamos biológicamente la polis, la ciudad, al otro. El desarrollo por lo tanto de una personalidad equilibrada pasa inevitablemente por saber pensar en el otro como elemento complementario de uno mismo. Si queremos que aprendan a analizar el mundo en el que se desenvuelven es necesario que les eduquemos el pensamiento enfocado más allá de sus propias narices. Tenemos que procurar que ellos sean capaces de entenderse a sí mismos lo mejor posible y que logren, o al menos procuren, entender a los otros. Y puestos a ser mercantilistas en la educación, puestos a pensar en el rendimiento laboral, si es eso lo que principalmente buscan, sobra decir que una de las habilidades que más se está demandado desde la esfera del mundo del trabajo es la capacidad de trabajar en equipo, lo que implica tener la competencia de empatizar con los demás.

COMPETENCIAS PARA EL EQUILIBRIO

Esta necesidad de implementar a «el otro» en los procesos de pensamiento crítico es esencial de cara a que sepan organizar una vida feliz. No deja de ser paradigmático que los procesos de empoderamiento que se están llevando a cabo relacionados con temas como el *coaching* no trabajen la educación emocional interrelacionada con los otros. Ya desde que son pequeñitos, los procesos de evaluación a los que se someten nuestros hijos están orientados exclusivamente al desarrollo individual. En las etapas iniciales de la vida, cuando más sociabilidad necesitan de cara a desarrollar las potencialidades de su cerebro social, es cuando menos análisis y valoración de esta sociabilidad se realiza por parte de la comunidad educativa. En los boletines de notas que recibimos incluso cuando están en guardería, siempre se suele evaluar su desarrollo individual, el progreso de sus competencias y cualidades a nivel personal pero nunca se presentan ITEMS que nos cuenten cómo se relaciona con los demás, si es capaz de empatizar emocionalmente, si comprende las demandas afectivas de sus compañeros, si se integra en los grupos con facilidad o se aísla, si prefiere el juego colectivo y respeta a sus amigos o elige jugar solo. Pero en muchos casos los padres tampoco ponemos interés en esta competencia interrelacional que damos por buena por el simple hecho de que está en un aula y forma parte de una colectividad. Nos conformamos con que nuestra hija/o no traiga partes de disciplina que pongan en entredicho su conducta y así concluimos que su desarrollo social es bueno. Y no siempre es así.

No deja de ser paradójico que en la etapa en la que más necesitan socialización, menos interés les prestemos a la misma. Si preguntásemos a los progenitores sobre qué competencias y cualidades desean que desarrollen sus hijos es muy probable que en la lista apacientan las siguientes:

- Independientes.
- Autónomos.
- Líderes.
- Iniciativa.
- Perseverancia.

Estas son algunas de las competencias que José Antonio Marina, citando a Takeo Murae, destaca en el libro *El Bosque pedagógico* y que no cesan de trabajar y de repetirse por parte de Occidente para dar por bueno el proceso educativo de nuestros hijos. Y si me apuran, son las mismas que nuestra sociedad potencia y que se ejemplifican en los modelos empresariales a la hora de buscar buenos candidatos para contratar. Queremos que sean totalmente independientes, que no dependan de nada ni de nadie para ir desarrollándose como persona, que «se busquen la vida», «que se las apañen», a ser posible cuanto antes mejor. El problema es que en muchas ocasiones terminamos confundiendo la independencia con la Individualidad y al final acabamos educando individuos preocupados por su propio progreso y desarrollo y desentendidos del desarrollo y progreso de los demás. Olvidamos que una las bases más importantes del proceso educativo es la de educar a ciudadanos, a personas que tienen que vivir y sentirse comprometidos con una colectividad, con un grupo. Y cuando me refiero a ciudadanos no estoy señalando de manera concreta a una responsabilidad cívica sino más bien a una toma de conciencia en torno a los grupos en los que se tendrá que desenvolver. Porque a medida que crezcan desearemos que sean comprensivos con nosotros, con sus abuelos, con sus compañeros de clase, con sus profesores, con los vecinos…, y para eso tendremos que lograr que no se consideren individuos aislados.

Pero estamos asistiendo a una entronización de lo que algunos filósofos como Lipovetsky han denominado hiperindividualismo en el que los problemas sociales no se sienten como problemas individuales o al menos no se interiorizan como tal. Estamos siendo testigos de una desconexión del sujeto con todo aquello que no le sea útil para su propio desarrollo individual, para la potenciación de su autonomía. Esta independencia que buscamos desde la más tierna infancia está provocando que no se sientan parte implicada de aquellos problemas que no les afecten en el desarrollo de esta independencia. Por poner un ejemplo, por mucho que nos digan desde distintos frentes que estamos asistiendo a un cambio climático atroz y que está en nuestras manos reciclar, cuidar el planeta, regular el consumo…, es casi imposible que ellos se sientan directamente corresponsables de estos asuntos puesto que este desarrollo de su autonomía e independencia no lo relacionan con el desarrollo de los problemas sociales de los que no se sienten parte responsable. Y por si fuera poco, los padres y educadores tampoco le prestan especial atención a estos asuntos de manera que la interiorización de los mismos se queda en un nivel superficial.

Ni que decir tiene que a muchos padres les encantaría que sus hijos fueran líderes desde la más tierna infancia. En principio la idea de que ellos sean los encargados de liderar a sus grupos de amigos, de persuadir a los demás, de tener las ideas claras y no dejarse influenciar es una idea reconfortante. Pero tenemos que poner especial atención en qué entendemos por liderazgo no sea que lo estemos confundiendo por tiranía, cabezonería, o egocentrismo. Sería más conveniente que en lugar de potenciar las dotes de liderazgo les reforzásemos el asentamiento de una personalidad clara y diáfana, creada desde sus propias circunstancias y autocontrolable en lugar de pensar que tienen que liderar independiente de sus características personales o del contexto en el que se encuentren.

Si hablamos de la perseverancia no cabe duda de que es una de las deficiencias más importantes que encontramos en la educación de nuestros hijos. La sobre-estimulación a los que los sometemos desde pequeños, el imperio de la hiperactividad constante provoca en ellos que cada poco tiempo necesiten mentalmente ir cambiando de actividad y sus criterios y tiempos de atención son cada vez menores y más dispersos, de manera que cuando tienen que enfrentarse a un reto que les exija mucha atención y constancia para lograrlo es muy probable que terminen abandonando. Es necesario que poco a poco los eduquemos en trabajar de manera persistente aquellos retos que les planteamos de cara a que aprendan a perseverar, sobre todo cuando las cosas se les ponen más complicadas. Empezando por ejemplo con los videojuegos, que en principio son muy estimulantes para ellos pero que como acabamos de ver, con la moda de los *youtubers* que graban sus partidas, a la más mínima complicación que se les presenta en el videojuego, en lugar de perseverar para ver si logran pasar la fase por ellos mismos, prefieren repetir lo que el *youtuber* de turno les explica eliminando el reto que se les proponía y además dejando de lado el trabajo sobre la perseverancia.

Pero estas competencias que se potencian en nuestro modelo social no terminan de ser completas de cara a poder desarrollar el pensamiento crítico de manera óptima. Sobre todo porque eliminan de la ecuación esa parte fundamental para el desarrollo de una vida equilibrada que son «los otros». No se puede aprender a pensar correctamente sin tener en cuenta en este proceso de aprendizaje el factor: «otro». Especialmente porque a lo largo de la vida muchas de las ideas, emociones, sentimientos, decisiones, proyectos, sueños..., se configuran en torno a las personas que nos rodean.

Para poder completar lo mejor posible estas competencias que nuestra sociedad potencia es necesario introducir algunas variaciones en lo referente a la formación mental de nuestros hijos. Por eso, siguiendo con la analogía que se realiza en el libro de José Antonio Marina, creo importante que reflexionemos sobre la siguiente lista de competencias:

- Interdependientes.
- Sociales.
- Humildes.
- Flexibles.

Esta lista, más que un elemento complementario de la anterior, parece una antítesis de la lista anterior. Y en cierta medida existe un rasgo de confrontación entre ambas, no en vano esta lista hace hincapié en las competencias y valores que la educación destaca en algunas culturas orientales. A este respecto voy a dejarles dos textos muy interesantes, extraídos del libro de Marina, el primero de un sociólogo japonés que realiza un análisis comparativo sobre el modo en el que educamos a nuestros hijos en Occidente frente al modo oriental. El otro texto es del presidente de Singapur, que realiza un alegato en torno a los valores que más le interesan a su pueblo de cara a educar a sus hijos.

Sin embargo el desarrollo de esta interdependencia no termina de ser todo lo fructífero que debería si hablamos de Japón, no en vano ocupa uno de los primeros puestos en la lista de suicidios y muertes en soledad. Si bien trabajan muy bien esta interdependencia dentro del aula, por el contrario, el nivel de exigencia y de formación del sistema educativo japonés presiona al niño para que su formación académica sea lo más exigente posible de manera que los otros ámbitos de sociabilidad, el tiempo libre, las visitas al parque, la conexión con otros grupos de niños fuera del aula con intereses diversos..., apenas es relevante en estos procesos educativos. De modo que la hiperexigencia educativa y laboral limita mucho el desarrollo de una interdependencia y sociabilidad integral, pasando factura durante el desarrollo social en las edades más adultas.

«Al contrario que en Occidente, no se anima a los niños japoneses a enfatizar su independencia y autonomía. Son educados en una cultura de la interdependencia. El ego occidental es individualista y fomenta una personalidad autónoma, dominante, dura, competitiva y agresiva. Por el contrario, la cultura japonesa está orientada a las relaciones sociales y la personalidad tipo es dependiente, humilde, flexible, pasiva, obediente y no agresiva». Takeo Murae.

Una de las palabras más interesantes a destacar en este texto sin duda es la *interdependencia*, según nos analiza el autor, los niños japoneses están educados en la cultura de la interdependencia, es decir, el objetivo de fondo no es que se construyan un ego independiente del resto, sino que sepan que para que ellos se sientan bien, para que puedan desarrollar toda su potencialidad, para que sean capaces de llevar a cabo un proyecto de vida estable y crezcan de manera equilibrada, es necesario que el resto de la sociedad también lo haga. No se trata solo de que toda la tribu se implique, sino también de que el niño conozca a la tribu, que interactúe con ella, que sepa que tiene un lugar donde deberá encajar y asumir su responsabilidad.

En nuestra sociedad los niños dependen del grupo mientras crecen pero en cuanto van adquiriendo un poco de independencia comienza a desgajarse del grupo y tratamos a toda costa de que se armen con una coraza social y emocional que repela los problemas grupales. De esta manera, no es de extrañar que cada vez experimentemos más desapego no solo de nuestros hijos con nosotros sino también al respecto de aquellos problemas sociales que no nos afectan de manera directa. Educar a un niño para que sepa y sienta que forma parte de una colectividad, que depende de ella, es una base fundamental para su desarrollo mental y emocional. Todos deberíamos tener claro que si a la sociedad le va bien, existen más probabilidades de que a mí me vaya bien. En Japón el sentimiento de colectividad se potencia desde pequeños. Los niños, desde su infancia, van haciendo turnos diarios para limpiar el aula en el que estudian, barren, friegan suelos y mesas, recogen, sirven la comida a sus compañeros..., se acostumbran a realizar tareas que no les afectan en exclusiva a ellos mismos sino que les otorga una responsabilidad para con los otros compañeros. No es de extrañar, por tanto, que estos japoneses cuando llegan a la edad adulta, ocupen los titulares de nuestros telediarios cuando, en el Mundial de fútbol del 2018, los hinchas japoneses, una vez terminado el partido, se quedaban recogiendo las gradas, metiendo en bolsas de basuras lo que otros aficionados habían dejado tirado en sus asientos.

Esta interdependencia que se educa a través de una sociabilidad tiene el apoyo de unos de los ejes fundamentales de cualquier proceso educativo: la familia. En el texto que a continuación se presenta, el presidente de Singapur justifica la necesidad de asentar el proceso educativo en la familia, situándola como una piedra angular imprescindible para educar en esta interdependencia:

> «*El presidente Wee se alaba cuatro de esos valores: situar la sociedad por encima del yo, defender la familia como la piedra angular fundamental de la sociedad, resolver los problemas importantes mediante el consenso y no la contienda, y subrayar la tolerancia y la armonía racial y religiosa*». Presidente Wee Singapur.

Y por último, uno de los valores más fundamentales de cara a trabajar de manera adecuada el pensamiento crítico enfocado en las circunstancias ajenas y en el contexto se centra en la humildad. No podemos decir que en nuestra sociedad occidental la humildad sea un valor en alza en lo que respecta a los procesos educativos, de hecho, en muchas ocasiones, somos los propios padres y educadores los que ensalzamos el ego del niño llegando a confundir en más de una ocasión la autoestima con la egolatría. Esta egolatría se pone de manifiesto de manera más evidente en el uso que hacen de las redes sociales desde el primer momento en el que entran en ellas. Todo lo que publican gira en torno a ellos mismos, el yo virtual, el avatar que se crean, se convierte en pieza angular expositiva para las comunidades virtuales. Pero no podemos olvidar que pensar bien requiere aprender a entender el modo en el que piensan y sienten el resto de personas y la egolatría no potencia precisamente esta faceta.

No debemos confundir la humildad con la falta de autoestima. Educar en la humildad ayuda a que las relaciones sociales con los otros sean más fáciles y enriquecedoras sabiendo que el modelo de apreciación social en torno a uno mismo se suele analizar bajo el prisma de la valoración como persona. Que los demás sean capaces de percibirte como una persona humilde facilita el acercamiento honesto del otro, de manera que a la hora de entablar relaciones sociales la humildad se convierte en una puerta abierta para ser bien recibido en cualquier ambiente.

Y no deja de ser significativo que este valor no esté reñido con otro de los valores que en la sociedad occidental tenemos idolatrado: el liderazgo. Aprender a ser un buen líder requiere grandes dosis de pensamiento crítico, sobre todo porque implica tener que manejar diversos egos (tanto el propio como el de los otros) y obliga a ser un ejemplo a seguir en lugar de un jefe al que obedecer. Si el líder quiere que el equipo trabaje o se encamine hacia algún sitio concreto es necesario que la predisposición del equipo parta de saber, entre otras cosas, que el líder es humilde, es decir, que sabrá otorgar el mérito adecuado a cada uno en cada proceso que se lleve a cabo. Sabrá y así lo hará entender, que él no es el que tiene la clave para sacar adelante las cosas y que escucha y acepta sugerencias, críticas, análisis..., siempre que estén encaminados a mejorar los procesos. Porque al final un líder no tiene que ordenar, mandar o dictaminar sino más bien persuadir, convencer y sugerir de cara a involucrar personalmente en el proyecto a todos los miembros. Y este proceso es muy complicado si lo que hacemos es potenciar individuos que creen que no necesitan de nada ni de nadie para que su proyecto de vida siga adelante.

Y por último es bastante curioso que entre las competencias que queremos trabajar para que desarrollen una personalidad que facilite un correcto proceso del pensamiento crítico debamos de tener en cuenta la flexibilidad. Esta flexibilidad se presenta como una apertura mental hacia los proyectos de vida que vamos forjándonos y también hacia una comprensión de otros modelos de vida para personas con las que no compartimos circunstancias ni contextos. Esta flexibilidad va en contra de la rigidez mental que a veces confundimos con la perseverancia. Nuestros hijos deben trabajar la perseverancia como una actitud esencial para intentar superar los problemas y los objetivos que se propongan en la vida. Pero esta perseverancia debe ser lo suficientemente flexible como para que se ponga en marcha habiendo realizado un análisis realista de las circunstancias de cada uno y conociendo la realidad de las mismas. Educar en una sana flexibilidad mental facilita un desarrollo óptimo del pensamiento crítico porque serán capaces de ir adaptando racional y emocionalmente diversos modelos de vida dependiendo de la evolución de cada uno.

Tenemos que pensar que nuestros hijos, en su proceso madurativo, no están capacitados para realizar análisis certeros sobre sus proyectos de vida, sobre sus ideales, sobre sus valores y que además, en su desarrollo, muchas veces no logran aceptar ni comprender los proyectos de vida o circunstancias de los otros. De ahí que tengamos que prepararles mentalmente poco a poco para que entiendan que sus modelos de vida no tienen que ser compartidos por todos. Tenemos que lograr que sean flexibles a la hora de enjuiciar y valorar el modelo de vida de otras personas que no han tenido su misma fortuna vital, que no tienen sus mismas capacidades físicas o intelectuales, que no comparten las mismas culturas... Y también tenemos que educarlos para que sean capaces de cambiar sus propios proyectos vitales cuando sea necesario sin que esto les suponga grandes traumas.

MEDITACIÓN: MEDITAR Y ATENCIÓN

Mi perspectiva como docente y padre es una muy distinta a la de la filosofía para niños de Lipman. Creo que en un niño lo importante y esencial es potenciarle el pensamiento crítico partiendo de su protopensamiento y sobre todo entrenárselo para que los elementos que lo componen, y que todos los niños traen de serie en su ADN, no se pierdan a medida que se hacen adultos. La idea es fomentar, reforzar e intentar habituar a nuestros niños/hijos/alumnos a adquirir los hábitos de pensamiento crítico más importantes de cara a que en su paso a la adolescencia y a la edad adulta los tengan interiorizados y asimilados. Y para eso tenemos que recuperar e incrementar esos tres elementos que son esenciales (y que son recurrentes a lo largo de todo el libro) para pensar críticamente: el asombro, la curiosidad y el cuestionamiento. Pero aparte de trabajar las actitudes más filosóficas como principal objetivo también centramos la tarea en otras cuestiones que se trabajan a la par que las anteriores.

Junto a ese objetivo, tuve que implementar un segundo que no tenía previsto de antemano pero que, debido a las circunstancias, pensé que sería beneficioso: es algo parecido al famoso *mindfulness* pero con variaciones y que aquí hemos llamado micromeditación que en realidad no es otra cosa que trabajar pequeños momentos de desconexión. Pequeños ejercicios de meditación, muy simples y muy cortos, que ayudan a prepararlos para el trabajo de pensamiento crítico.

En principio mi idea era hacer los ejercicios enfocados exclusivamente en el desarrollo del pensamiento crítico pero tras observar a mis hijos, a sus amigos y tras hablar con algunos maestros sobre la práctica de estos ejercicios pensé que sería de ayuda (y así ha resultado) introducir sesiones de micromeditación (desconexión) justo antes de comenzar con la rutina de pensamiento crítico. Si bien se puede trabajar el pensamiento crítico haciendo los ejercicios directamente y además en cualquier circunstancia que les rodee, sin necesidad previa de meditar, por el contrario, si tenemos tiempo y ganas, podemos añadir pequeños momentos de calma y meditación antes de comenzar, desconexiones que son de gran utilidad para dos cosas. La primera es predisponerlos a los ejercicios que posteriormente realizarán, y la segunda para que aprendan a rebajar su tensión intelectual y preparar uno de los instrumentos más importantes para su desarrollo personal: la atención, estas microsesiones buscan preparar la atención para los ejercicios que vamos a trabajar predisponiendo en ellos una actitud de concentración hacia lo que se hará a continuación.

No podemos olvidar que el mundo en el que se están criando es demasiado goloso en lo referente a estímulos y la atención se dispersa. Nuestros hijos están educándose bajo el amparo de una serie de parámetros (hiperestimulación, hiperactividad, hiperentretenimiento, aceleración…) que tienen como rasgo común la impaciencia, la rapidez, la inmediatez y la poca tolerancia a la frustración. Los docentes estamos experimentando serios problemas de atención del alumnado en los últimos años. No hace muchos años las clases podían tener explicaciones teóricas de treinta y cinco o cuarenta y cinco minutos, pero con las nuevas generaciones esto resulta casi una utopía. Son incapaces de sostener la atención durante más de quince minutos, de modo que las clases se programan con un constante cambio de actividades para que su atención no se disperse tanto. Pero esto no deja de ser contraproducente de cara a educarlos; tener que cambiar de actividad a los quince minutos durante una sesión de clase es seguir maleducando su atención. Entiendo que si queremos que estén atentos el mayor tiempo posible lo mejor es adaptar las clases a estos picos de atención a los que se ha acostumbrado, quince minutos de teoría con pizarra, quince minutos de apoyo con un vídeo y quince minutos de debate por ejemplo; si hacemos esto lograremos que toda la clase esté más o menos atenta, pero si repetimos esta metodología diariamente en todas las clases las consecuencias a medio y largo plazo serán catastróficas puesto que irán disminuyendo progresivamente esta capacidad de atención a medio o largo plazo. Por esto creo que es necesario que tanto en las casas como en las clases los acostumbremos a trabajar su atención en torno a un mismo asunto, a una misma actividad, el máximo tiempo posible. Podríamos pensar que si la explicación o la actividad es más larga de este tiempo el niño deja de atender y no aprenderá pero incluso en este caso, el resultado de aburrirse es positivo porque no se le sigue hiperestimulando.

En casa sucede algo parecido, cada vez cedemos más (muchas veces sin darnos cuenta) a la hora de hiperestimular su atención. Dejamos que se sienten a ver la tele con el teléfono móvil en la mano o el iPad y que vayan cambiando constantemente de pantalla y de atención, muchos de nuestros hijos juegan a la consola a la vez que tienen la *tablet* encendida o el móvil para ver Instagram; los mandamos a pasear el perro y se pasan el camino enganchados a las pantallas de los móviles y en el peor de los casos hasta comen con el móvil encima de la mesa… En muchas ocasiones no lo hacemos de manera consciente pero el resultado es igual de dañino que si lo hiciésemos.

Para que aprendan a trabajar el pensamiento crítico de manera adecuada es importante que su nivel de atención sea el mejor posible, y para eso solo tendríamos que evitarles poco a poco esa hiperestimulación a la que les sometemos a diario. Al sentarnos a ver la tele por la noche, por ejemplo, sería conveniente prohibir (ya sé que esta palabra empieza a no ser políticamente correcta) cualquier otra pantalla que no sea la de la televisión. Si se ponen a estudiar se eliminarán del pupitre y de la habitación todos los elementos susceptibles de distracciones, si se sale a pasear o a comer en familia se prohíbe sacar los móviles durante la salida..., y así infinidad de cosas de manera que vayamos potenciando poco a poco, casi sin darnos cuenta, que su mente, su atención, su interés..., esté siempre enfocado, el máximo tiempo posible, a una sola actividad. Incluso el hecho de aburrirse, de no tener estímulos que les atraigan, será también un modo paralelo de trabajar la atención por medio de la desconexión, de la relajación.

LA REFLEXIÓN COMO CASTIGO: LA SILLA DE PENSAR

No hace mucho tiempo que se puso de moda castigar a los niños que se portaban mal en clase o en casa con la famosa «silla de pensar», la idea era apartarlos del resto y decirles que pensaran en lo que habían hecho al tiempo que se les aislaba. Nunca me pareció muy eficaz dicho ejercicio, de hecho siempre creí que los niños no alcanzaban a pensar nada por sí solos y se sentaban en la silla de pensar por el simple hecho de que el maestro o los padres así lo habían ordenado pero sin intención de ejercer ningún tipo de reflexión crítica sobre su conducta.

En casa la primera reacción cuando nuestros hijos no se comportan como deben es castigarlos a través de cosas a las que les tengan aprecio. No es del todo una mala solución pero suele ser incompleta si lo miramos desde el punto de vista de un proceso de aprendizaje o de enseñanza. Con el castigo simple, el de toda la vida, los niños dejarán de actuar mal porque temerán al castigo, es decir, la razón por la que no volverán a comportarse mal no será la razón adecuada. Sé que, como padres y educadores, muchas veces lo que buscamos es que no vuelvan a comportarse mal, con eso nos parece que hemos solucionado el problema. Y puede que así sea, que gracias al castigo que teme el niño, éste no vuelva a comportarse mal. Pero no podemos perder de vista que esta educación será la misma que puede recibir el cachorro de un perro cuando lo estamos adiestrando. Si queremos aprovechar el castigo para educar tenemos que ir más allá del miedo a la reprimenda. Por una parte ellos deben tener claro quién es la autoridad, quién la ejerce, pero por otro lado sería conveniente que, además de respetar la autoridad, lleguen a desarrollar plena consciencia de lo que han hecho y sean ellos mismos los que terminen convencidos sobre las inconveniencias que causa su acción.

Lo ideal del castigo, además de ser una modificación de una conducta o actitud dañina o errónea, es que sea también educativo. Y en este sentido, si los enviamos a que reflexionen sobre lo que han hecho mal es necesario, dependiendo del caso, que les acompañemos en el ejercicio de reflexión que hacen de cara a asegurarnos que toman plena consciencia de las repercusiones de sus actos. Porque de lo contrario será un simple ejercicio de separación y además, de modo indirecto, irán relacionando el castigo con el pensamiento: «castigado a la silla de pensar». Pero si queremos evitar el castigo como instrumento de trabajo para educar, siempre nos quedará la alternativa que proponía el filósofo John Locke cuando defendía que para no llegar a castigar es mucho más eficaz premiar a los niños por sus actos virtuosos que por sus malas acciones. Pero los premios son más eficaces a medida que se asocian con refuerzos emocionales, con palabras de admiración hacia ellos y lo que hacen bien, con afectos reales. Como ya he defendido en ocasiones anteriores hablando de Locke, que el niño asimile un temor excesivo hacia el educador, ya sean padres o profesores, es contraproducente. No podemos olvidar este punto si queremos educar correctamente. En esta sociedad confundimos con frecuencia el respeto con el miedo. Para ganarse el respeto de nuestros hijos/alumnos no es conveniente que nos teman. El respeto se gana, entre otras cosas, a través de la admiración, pero el castigo extraordinario provoca frustración, rabia y miedo, y estos elementos son los encargados de bloquear el pensamiento crítico. De modo que cuando castigamos usando la silla de pensar, el resultado que tenemos en mente sobre el ejercicio de reflexión que realiza el niño no suele tener los efectos deseados de cara a analizar críticamente lo que ha sucedido, sino más bien, el de pedir perdón por miedo a las represalias del castigo.

POBREZA DE LA COMUNICACIÓN ORAL

Como ya hemos señalado, muchos de nuestros hijos no son capaces de presentarnos sus argumentos porque no logran expresarlos adecuadamente, no encuentran las palabras justas que sean idóneas para describir lo que piensan, se atascan, y al final ellos mismos se frustran porque se dan cuenta de que no se hacen entender como ellos quisieran de cara a los otros chicos o a los adultos. El problema suele aparecer en la expresión del razonamiento hablado, no tanto en el modelo de razonamiento, que también, sino más bien en la verbalización de lo que piensan. Son varios los factores que provocan esta falta de agilidad verbal pero me gustaría destacar algunos por encima del resto.

En los últimos quince años he ido observando cómo los alumnos han estado perdiendo capacidad a la hora de comunicarse oralmente, no logran quedarse satisfechos con lo que dicen, con lo que argumentan y me confiesan cierto grado de ansiedad por no conseguir transmitir sus ideas como les gustaría. Casi ninguno sale contento de las exposiciones orales que tienen que hacer y siempre dicen que se habían preparado mucho mejor de lo que han sido capaces de demostrar en las mismas (aunque soy consciente de que esto último también lo dicen de otros exámenes que hacen cuando no están satisfechos con sus calificaciones). Y lo curioso es que no lo achacan en exclusiva a los nervios de una exposición oral o a la tensión de estar siendo evaluados, en muchos casos me afirman que han investigado y estudiado mucho más de lo que después han logrado explicar. La gran mayoría de las veces esto les sucede cuando los sacamos de la «comodidad de su exposición». Cuando tienen que reflexionar sobre algún tema que se sale de su ámbito y ejercemos cierta presión sobre ellos, se les dificulta bastante la capacidad de expresión.

Por suerte suelo tener conversaciones con ellos fuera del ámbito académico, sobre todo cuando son antiguos alumnos y durante estas conversaciones, cuando les exijo una explicación más elaborada, son muchas las veces en las que también sucede lo mismo, de modo que puedo decir que no siempre la presión de una evaluación académica es la culpable de una expresión oral pobre. Durante las clases, cuando más aflora esta problemática es cuando les realizo preguntas que les rompe su guion expositivo para ver si son capaces de explicar algo más allá de sus papeles, para ver si logran hacerse entender sin el uso de las muletillas del *power point* o de los folios estudiados. Entonces es cuando descubro las dificultades de conectar ideas estudiadas y lograr explicarlas.

De entre los múltiples factores desencadenantes de esta pobreza verbal el abuso de las horas de pantalla (de nuevo) creo que es uno de los más importantes. Están creciendo consumiendo y dedicando un gran número de horas a interactuar con las pantallas (*smartphones*, videoconsolas, *tablets*...) donde la comunicación que tienen que realizar casi nunca es oral. Solo se tienen que ver las estadísticas de informes (me remito a informes como «Informe Mobile en España y en el Mundo 2018» o el «Estudio de consumo móvil 2018» elaborado por Deloitte) sobre el número de horas que pasan delante de sus *smartphones* o de *tablets* para caer en la cuenta de que, en algunos casos empieza a ser adicción. Tanto es así que la pantalla a la que más tiempo dedican, la de los teléfonos móviles, se lleva el 90% del tiempo en visualización pero es un tiempo donde apenas existe interlocución hablada, a lo sumo escriben algo, apenas unas palabras en un buscador o en una red social, pero no desarrollan ni transmiten oralmente sus ideas, ni exponen sus argumentos.

Se está perdiendo el diálogo oral en directo, con la naturalidad y el reto que suponía argumentar en el momento, dialogar en el instante. Cada vez se realizan menos llamadas de teléfono y se sustituyen por la comunicación escrita vía WhatsApp y en lo referente a las otras pantallas (videojuegos, televisión, *tablets*...), la comunicación oral es casi inexistente.

A esto se le suman elementos novedosos que están ayudando a este empobrecimiento ya no solo de la comunicación oral sino también de la escrita y que afectan tanto a la infancia como a la edad adulta: los emoticonos. La introducción de este elemento gráfico en la comunicación, si bien ha evitado malentendidos ayudando a aclarar los mensajes y su intencionalidad, sobre todo a la hora de expresar emociones (emoción + icono = emoticono), por el contrario ha supuesto un retroceso a la hora de describir nuestras emociones, sensaciones, estados de ánimo... Ya no es necesario encontrar las palabras adecuadas para poder describir las emociones, basta un simple emoticono que pone en situación tanto al emisor como al receptor. Y gran parte del uso de los mismos proviene de los calificados como «nativos digitales», que desde un primer acceso a las redes sociales lo han incorporado de manera natural a su manera de comunicarse. De nuevo, la pantalla, y más en concreto la imagen, gana enteros y come terreno frente a la palabra.

Las consecuencias y el resultado de este proceso saltan a simple vista, estamos asistiendo a una progresiva demacración del discurso oral, la calidad de los debates va empeorando, cada vez es más complicado encontrar personas que sean buenas conversadoras no solo en lo referente a contenidos sino también en lo que respecta a la claridad expositiva de los argumentos. Porque para ser un buen conversador, además de tener claridad expositiva en tus discursos, es necesario que tengas una buena actitud de escucha activa con el interlocutor, es decir, que lo tengas en cuenta, que quieras conocer sus argumentos, su postura, que estés mentalmente abierto al cambio de opinión. El problema es que en una sociedad donde las redes sociales potencian el comunicado unipersonal y también unidireccional es muy complicado que las personas se muestren receptivas al otro. Queremos hablar, ser escuchados e imponer nuestros argumentos, lo demás, el otro, parece interesar cada vez menos en una sociedad donde el hiperindividualismo se impone a la colectividad.

El vocabulario se empobrece a pasos agigantados y es que, por mucho que estemos hiperconectados sin embargo esta conexión no está manifestándose en un progreso de la comunicación oral y tampoco se observa una mejora del discurso escrito. En un estudio del profesor Miguel Sosa se destacaba cómo en el *Quijote* se emplearon veintitrés mil palabras diferentes mientras que hoy, un ciudadano medio ronda las cinco mil, pero lo sorprendente es que en jóvenes la media está en torno a las mil doscientas palabras, como el propio Miguel Sosa comenta: «Si reducimos nuestro vocabulario empobrecemos nuestro pensamiento y, en consecuencia, somos menos críticos».

Como hemos apuntado antes, son muchos los factores, pero eso no es óbice para que no nos pongamos manos a la obra con este. Por eso, si queremos que nuestros hijos desarrollen el pensamiento crítico lo mejor posible es necesario que vayan adquiriendo vocabulario. Y cuando digo adquiriendo no es solo escuchando y comprendiendo palabras nuevas, sino que además es necesario que sepan implementarlas en su vocabulario, que las utilicen, que las usen con cierta frecuencia. Y para eso nosotros, progenitores y docentes, somos el mejor ejemplo que tienen a diario de cara a imitar los procesos de expresión oral.

DIÁLOGO VS. DEBATE

Otra de las causas de este empobrecimiento es la falta de comunicación oral bidireccional en los círculos próximos de nuestros hijos, incluido el familiar. Si analizamos nuestras relaciones paternofiliales descubrimos que, en la mayoría de las ocasiones, la dirección de las conversaciones pone el peso en los adultos. Solemos dirigirnos a ellos para darles órdenes, consejos, avisos... sobre lo que tienen que hacer a diario, pero ellos no intervienen demasiado para expresar sus pensamientos, sus problemas, sus intereses... Por eso es necesario que si queremos ayudar a nuestros hijos a desarrollar el pensamiento crítico de manera óptima empezamos por animarles a hablar, a contarnos cosas, las que sean, y les prestemos la debida atención, que trabajen lo máximo posible el relato oral. Esta es una costumbre que podemos alimentar desde pequeños, establecer unas pautas, una rutina diaria en la que ellos tengan que relatar sus historias sabiendo que les prestamos atención. Una atención activa que les ayude a corregir los errores de razonamiento que comenten a esas edades. Y a la vez tiene que ser una atención inquisitiva, que haga preguntas, que de vez en cuando les rompa el desarrollo de lo que narran, que les obligue a cambiar de registro, a saltarse el plan mental establecido. Pero esto también implica que nosotros les otorguemos reciprocidad a sus historias, les acompañemos también con nuestro diálogo de manera que sientan que existe una comunicación bidireccional. No olvidemos que ellos quieren ser escuchados, que necesitan sentirse atendidos y esto no solo les reforzará su autoestima sino que además ayudará a potenciar el vínculo entre ellos y nosotros.

Entre tanta fiebre por las nuevas metodologías pedagógicas (*flipped classroom*, aprendizaje basado en proyectos, *mindfulness*...) se están introduciendo con cierto éxito las asignaturas orientadas a la oratoria bajo el modelo del debate. El debate como asignatura empieza a ganar terreno no solo en el ámbito universitario sino que también está intentando implantarse en las etapas de secundaria y ya existen una serie de acercamientos en el campo de la primaria. Se forman equipos de alumnos, se elige un tema, y tienen que investigar para montar una argumentación a favor y otra en contra de cara a competir unos equipos contra otros. El modelo está teniendo cierto éxito debido, entre otras cosas, a que el formato tiene una efectiva espectacularidad, donde los alumnos aprenden a hacer un exordio (primera parte del discurso donde se intenta atraer la atención del oyente), a dominar la escenificación, a trabajar el discurso, y a controlar la retórica... No me cabe duda de que aprender a debatir tiene muchas ventajas de cara a mejorar la expresión oral. Tener que investigar sobre un tema y aprender a usar un determinado vocabulario «más culto» es de gran utilidad para su expresión oral. Y por si no fuera suficiente aliciente se encierra bajo el formato competición, lo que significa que el objetivo final es vencer. Y en una sociedad que idolatra la competición en todas sus formas, incluidos el número de «me gusta» o el número de seguidores en redes sociales que uno tiene, acudir al formato competitivo es un estímulo para ellos.

Pero por otra parte no todo son parabienes en este modelo de debate de cara a ayudar al correcto desarrollo de la expresión oral y mucho me temo que sus aportes a la evolución del pensamiento crítico no son todo lo útiles que se pretende o que se pregona. Al ser un modelo de competición donde se enfrentan siempre dos posturas sobre los temas seleccionados para el debate, a favor y en contra, se fomenta cierto maniqueísmo (tendencia a reducir la realidad a una posición radical entre lo bueno y lo malo, entre una opción y otra) peligroso que si no se tiene cuidado termina radicalizando y transmitiendo este reduccionismo del debate a una sociedad intolerante donde solo se entiende una visión de la vida empobrecida, limitada a estas dos posturas. Este modelo de debate no contempla la posibilidad de que los asuntos que nos rodean, los problemas, la vida en general, puedan ser complejos, difícilmente reducibles a dos posiciones, donde solo una saldrá victoriosa. Pero todos sabemos que la vida y nosotros somos un cúmulo de contradicciones y paradojas, que lo que nos parece bueno en unas circunstancias determinadas puede convertirse en dañino si cambian las circunstancias. Como sistema de investigación y de competición puede ser una actividad curricular interesante para alumnos universitarios, aquellos que ya han pasado un proceso educativo, puesto que se les presupone una madurez mental y un aparato crítico formado, pero aun así, a la hora de trabajar la expresión oral, encontramos que los discursos de cada uno de los participantes del modelo de debate en formato universitario son discursos aprendidos, sus posturas están más que ensayadas casi automatizadas y durante el transcurso de las exposiciones de los mismos apenas se conceden una o dos preguntas al equipo contrario de cara a fomentar un diálogo. Cuando los alumnos, independientemente de su edad, tienen que preparase para un debate centran sus ensayos y argumentaciones en las posturas a favor y en contra, y durante el transcurso del debate apenas existe diálogo, no se busca el consenso y rara vez se escucha al otro equipo con una actitud de apertura mental para ver si logramos cambiar de opinión sino más bien todo lo contrario, buscando siempre una debilidad por donde atacar.

Desde mi experiencia, la mejor forma de incitar a nuestros hijos a conversar es usar el método socrático del que ya he hablado anteriormente. Sócrates era un filósofo del siglo V a. C que se dedicaba a dialogar sobre los temas más variados y con cualquiera que tuviera interés por el conocimiento. Era ágrafo, es decir, no dejó nada escrito, pero sus enseñanzas fueron transmitidas por sus discípulos. El más famoso de ellos fue

Platón, que le rindió homenaje a través de sus obras, sobre todo los *Diálogos*, que son pequeños libros donde se reflexiona sobre asuntos como el amor, la amistad, la belleza... Pero en el tema que estamos tratando nos interesa en especial el método de trabajo que usaba cuando quería que sus pupilos y las personas que se le acercaban alcanzaran un nivel superior de conocimiento del que ya creían tener. Este método se ha denominado mayéutica. La mayéutica funcionaba del siguiente modo: Sócrates pregunta sobre un tema a su interlocutor que, sin dudarlo, le daba una definición sobre lo que él creía conocer. En sus diálogos demostraba interés no solo por el tema a investigar sino también y sobre todo por lo que decían los interlocutores, les prestaba atención, analizaba junto a ellos sus ideas. Después Sócrates buscaba alguna excepción, algún elemento que pudiese desacreditar la definición que la otra persona acababa de presentar y, de este modo, obligaba a su interlocutor a tener que reflexionar sobre la misma, a investigar sobre lo que había dicho y que ahora tenía que justificar más allá de la simpleza del argumento inicial. Pero lo interesante del método de cara a aplicarlo con nuestros hijos es que todos sus diálogos buscaban aunar posturas, es decir, Sócrates quería conocer lo que los demás sabían de cara a aclarar los problemas que se planteaban, estaba abierto a escuchar las teorías de los demás y ver si entre todos eran capaces de acercarse a la verdad. El diálogo se usa como un método para aproximar posturas y ayudaba al enriquecimiento de todos los que estaban presentes.

En este ejercicio de retórica lograba que las personas se replanteasen lo que creían saber y les ayudaba a progresar en sus cocimientos haciendo algo muy complicado: dejando que ellos fueran los que los alcanzasen. Pero lo hacían sabiendo que no solo eran escuchados activamente sino que también eran analizados, de modo que había reciprocidad entre las personas que dialogaban.

En más de una ocasión solemos obviar la importancia de la investigación y no dejamos tiempo a los niños para que desarrollen la curiosidad como es debido. Nuestros hijos, que vienen al mundo cargados de todo el armamento filosófico que se necesita para desarrollar una personalidad equilibrada y un buen pensamiento crítico, van dejando (o más bien nosotros no les educamos para que aprendan a usarlo adecuadamente) que este arsenal se oxide y apenas le sacan el provecho adecuado. Y una de las mejores maneras de tenerlo siempre a punto es por medio del diálogo.

No dialogamos lo suficiente con ellos, no los escuchamos lo suficiente, no les interpelamos de cara a que tengan que hablar. Muchos padres me dicen que cuando les preguntan a sus hijos para poner en marcha este proceso no logran que ellos quieran dialogar, y a la mínima de cambio arrojan la toalla. Pero el arte del diálogo con nuestros hijos se tiene que cultivar, es una semilla que se siembra y se tiene que regar diariamente, poco a poco, y termina dando frutos para el resto de la vida. El arte de este modelo de trabajo socrático consistía en dejar que el interlocutor hablase, que expresara sus ideas. Nosotros tenemos que ampliar el campo y preguntarles no solo por sus ideas sino también por sus emociones, por sus sentimientos. Igual tienen la suerte de tener hijas o alumnos que no paran de hablar, que no paran de «darle la tabarra» a diario, de ponerles la cabeza como «un bombo», pero si prestan atención, este perfil de niño que no para de hablar lo hace para contar sus cosas, independientemente del momento o de las circunstancias. Si tienen la fortuna de estar rodeados de este modelo de niño tienen dos opciones de cara a incitarles a pensar. Pueden usar las conversaciones que ellos les plantean para que, a partir de sus historias, obligarles por medio de preguntas a redirigir sus argumentos. O bien pueden sacarles completamente del contexto, descolocarlos y exigirles que ahora centren su atención y pensamiento en otros temas que no siempre son prioritarios en sus intereses. Sin duda hay que dejarlos hablar pero es todavía mejor cuando nosotros les ponemos el contexto y los situamos en unas circunstancias que ellos no elijen, de este modo les forzamos a pensar y tener que ordenar sus ideas para expresarlas.

Lo que no podemos dejar pasar por alto es la importancia del propio concepto de *dia-logos*, es decir, tal y como yo lo entiendo, el diálogo consiste no solo en exponer el logos, la lógica de tu argumentación, cosa que bien podríamos hacer en un libro, sino que además es fundamental entender el logos ajeno, la lógica del otro, del interlocutor, de ahí la palabra *dia* (a través) *-logos* (razón, lógica). Si acudimos al significado estricto etimológico el diálogo es cuando la razón, el *logos*, pasa a través (*dia*) de las personas, pero esto supone una visión universal e unívoca de la razón; por su parte yo interpreto este *dia-logos* como la necesidad de entender el logos de la otra persona, es decir, la capacidad de comprender la lógica del otro. En el debate se intenta buscar los argumentos irrefutables para ganar desde tu posición, pero en el diálogo se intenta exponer tus argumentos a la vez que comprender los argumentos del otro, de los otros, de cara a estar abierto para llegar a un consenso. Igual si educásemos más en el diálogo como método de acercamiento y menos en el debate como sistema de competición podríamos pensar que algún día nuestros políticos pudieran llegar a acuerdos porque su intención estuviese centrada más en comprender y asumir los planteamientos de otros antes que en querer ganar e imponer siempre su argumentario. En lo referente al desarrollo del pensamiento crítico, el diálogo, sobre todo en el ámbito familiar, dota a nuestros hijos de herramientas de expresión oral y trabaja igualmente la empatía para que sean más abiertos y flexibles a pensar en torno a ideas que no sean necesariamente las suyas de cara a mejorar lo que será su filosofía de vida.

VENTAJAS DEL DIÁLOGO

Para que puedan pensar críticamente de manera correcta es necesario que sepan expresarse adecuadamente, que tengan la herramienta de vocabulario lo más afilada posible para usarla cuando sea necesaria. Pero también es fundamental que aprendan sobre el «logos» de las personas que les rodean. Porque para pensar bien tenemos que educarlos en prestar atención a los demás, en poner el punto de mira también en el exterior para que puedan hacer un ejercicio de empatía intelectual con las ideas, las formas de vida, los valores... de los otros. Si logramos que nuestros hijos pongan esmero y sean capaces de comprender y de tener interés en otras personas estaremos logrando que la base de la curiosidad se vaya afianzando como mecanismo protofilosófico que les acompañará el resto de sus vidas. Pero aparte de este beneficio intelectual que les puede proporcionar el diálogo, encontramos otros beneficios no menos significativos que nos pueden venir fenomenales en sus procesos educativos.

a) El primero es captar su atención. No deja de ser un efecto maravilloso sobre todo cuando hace unas páginas exponíamos las dificultades que estamos encontrando para que nuestros hijos centren su atención en temas que no siempre les interesan. Si logramos educar el arte de conversar iremos ganando mucha ventaja a este respecto, para ello eliminaremos los elementos susceptibles de distracción y trataremos de encontrar cualquier tema con el que ponernos a conversar. Siempre aconsejo que si se dan las circunstancias les hagamos dialogar sobre un tema el máximo de tiempo posible de manera que su atención se enfoque en tener que hablar en torno a una sola cuestión, en tener que pensar y reflexionar de manera más exigente, poco a poco.

b) Y el segundo de los beneficios indirectos que recibiremos si logramos sembrar el hábito de la conversación entre ellos está relacionado con su autopercepción y la estima. Ayuda a aumentar su autoestima desde el momento en el que ellos se sienten escuchados e interpelados por el diálogo. Y por si fuera poco, encima no es un diálogo entre iguales, sino que ellos detectan que un adulto, una persona mayor, sus padres, sus maestros, sus profesoras... quieren escucharlos y además hablar con ellos. Se dan cuenta de que lo que a ellos les interesa, sus problemas, sus asuntos, sus temas... son escuchados con atención activa por personas a las que quieren y esto les aporta un extra de autoestima que provoca que poco a poco quieran dialogar más.

Y aunque no es la primera vez que lo digo creo que es importante recordar que para poder llevar a buen término este hábito es importante que tengamos en cuenta algunas cosas. En primer lugar es conveniente que no haya temas tabú, si nuestros hijos detectan que estamos violentos con algunas preguntas o temas es probable que cierren esa puerta y tengan que buscar información en otros lugares que igual no son tan recomendables. Si bien no es conveniente que haya temas tabúes (sexo, muerte, alcohol, drogas...), sin embargo es necesario que seamos capaces de entender el nivel intelectual de nuestros hijos de cara a saber adaptar el nivel de la conversación a sus edades. En este sentido es muy importante que conozcamos bien a nuestros hijos, que sepamos su nivel madurativo mental de cara a que la conversación les resulte lo más enriquecedora posible. En muchas ocasiones la percepción o el conocimiento que tenemos sobre su nivel de comprensión intelectual está muy por debajo de lo que realmente son capaces de comprender, de ahí que sea importante que profundicemos en ellos de cara a poder aportarles enriquecimiento durante las conversaciones.

Conociendo este importante aspecto de nuestros hijos podremos hacer algo que es tremendamente conveniente para un desarrollo óptimo de su pensamiento crítico cuando dialogamos y que no es otra cosa que el correcto uso de un vocabulario enriquecido. Como adultos deberíamos tener la posibilidad de hablarles (siempre a su nivel) introduciendo un vocabulario lo más rico posible de cara a provocarles la necesidad de preguntar por el significado de las palabras que usemos. Se trata de acostumbrarlos a que escuchen términos y expresiones que les sorprendan, unas veces serán capaces de entenderlas por el contexto en el que se dicen y otras veces tendremos que realizar, acto seguido, una expresión sinónima para que logren entender lo que decimos. Pero de modo indirecto estaremos trabajando este enriquecimiento de vocabulario y de comprensión sin apenas esfuerzo.

Y por último, otro de los temas que más limitan la práctica del arte de conversar con nuestros hijos está relacionado con la actitud que a veces tomamos cuando ellos deciden participar en alguna conversación que se está manteniendo. En algunas ocasiones, por ejemplo cuando estamos comiendo y aparece un tema de política, igual alguno de nuestros hijos, generalmente preadolescente o adolescente, se deja llevar por una opinión radical sobre el tema. Lo más frecuente es que los progenitores le espeten «cállate que no sabes de lo que hablas» o «no tienes ni idea de lo que dices» o también «solo dices tonterías»... Pero si nos parásemos a pensar sobre el peso que en ellos tiene este tipo de actitudes para con sus opiniones, nos daríamos cuenta de que estamos cerrando la puerta a realizar una maravillosa actividad de pensamiento crítico en torno a sus creencias, a sus ideas e incluso a la visión del mundo que están adquiriendo y que puede no ser todo lo conveniente que nos gustaría de cara a que desarrollasen una personalidad equilibrada. Como adultos deberíamos intentar no medir el nivel de sus intervenciones como si ellos fueran adultos también, obviamente a nuestros hijos no podemos exigirles que tengan ni los conocimientos, ni la experiencia que nosotros tenemos, de ahí que al reprocharles sus intervenciones estemos cometiendo un error de bulto. Por eso recomiendo que no hagamos juicios de valor sobre lo que dicen (sobre todo no emitir juicios negativos). Es mucho más educativo mostrar un «ingenuo» interés en lo que están diciendo y pedirles que desarrollen algo más sus opiniones. Para eso la mayéutica, ese arte de preguntar usando las respuestas que ellos dan para forzarles a argumentar, es muy útil. Y llegado el momento, si es necesario, preguntar con algún contraejemplo que contradiga sus ideas de cara a que ellos se den cuenta de que quizá no tengan una línea argumental muy sedimentada. Porque se aprende mucho más si uno descubre por sí mismo que sus ideas o líneas argumentativas están equivocadas o les falta soporte intelectual, que si intentamos decirles que lo que defienden, lo que argumentan o lo que piensan está mal.

EL ARTE DE CONVERSAR Y LA MIRADA

Desarrollar el pensamiento crítico implica ir evolucionando en la actitud del niño hacia sí mismo y hacia el mundo que le rodea. Esto no sucede en unos meses, ni tampoco podemos reducirlo a una metodología simple sino que implica un grupo de estrategias diversas que, bien trabajadas, dan como resultado su progreso. Y entre las estrategias más determinantes debido a su imbricación con el diálogo nos encontramos con la conversación. Una de las acepciones del diccionario más bonita de la palabra conversar es: «tratar, comunicar y tener amistad». Porque no solo es cuestión de dialogar, de querer entender el logos, la lógica del otro y de hacer entender al otro tu propio logos, tu propia lógica, sino de ir más allá. No es solo querer comprender lo que te rodea y a quien te rodea sino también querer conocerle por medio del arte de la conversación, dejar que el otro se exprese, relate y cuente lo que crea oportuno o conveniente, sin necesidad de enfrentar lógicas o posturas, simplemente conversando. Y ese más allá no es otra cosa que conversar en el sentido que acabamos de citar, en el sentido de tratar, saber tratar a las personas debidamente, conversar como un modo de interpretar a los demás, de entrar en contacto con ellos de manera enriquecedora, de forjar lazos, lazos que se estrechan por medio de las conversaciones. Conversaciones sin grandes pretensiones, en las que nos contamos, nos narramos los unos a los otros inquietudes, historias, desvelos, deseos... Es una de las mejores herramientas que tenemos a mano para que los críos desarrollen el pensamiento crítico de una manera natural.

Estamos perdiendo el arte de conversar, la capacidad de dirigirnos a otros de manera natural y entablar una conversación sobre cualquier cosa. Las nuevas tecnologías se están encargando de eliminar uno de los elementos que más ayudaban a desarrollar este arte de la conversación: la mirada. Cuando todavía las pantallas no eran portátiles la gente solía mirar el mundo en primera persona y en directo, sin mediación ninguna y se recibían miradas de reciprocidad, gestos personalizados y en muchas ocasiones se sentía la necesidad de comenzar a hablar, a conversar, sobre el tiempo, sobre el fútbol, sobre educación... Las tascas, los bares de barrio, las bodeguillas, los mercados de abasto... eran lugares donde se conversaba, donde se socializaba porque la mirada ejercía al mismo tiempo un poder de coacción y de seducción difícil de evitar.

Ahora nuestros jóvenes están perdiendo la capacidad de mirar en directo y prefieren el anonimato de la mirada virtualizada, la que se esconde detrás de una pantalla y que se dedica a observar detenidamente sin que nadie lo intimide desde la barra del bar o desde el asiento del autobús, sin sentirse observado y mucho menos solicitado. Nuestros hijos están perdiendo el poder de apreciar la mirada presencial, que les fuerza a ver y a ser vistos y claro está, cada vez es más difícil que se sientan interpelados por la mirada a tener que conversar o interactuar con nosotros. Tenemos que potenciar el encuentro en directo, la transmisión del mensaje cara a cara, de manera que la atención pueda ir descifrando poco a poco todos los mensajes que el cuerpo va enviando mientras conversamos. Es más necesario que nunca recuperar el poder de la mirada en directo con ellos, el obligarles a que miren a los ojos cuando nos hablan, a que miren a través de las ventanillas del coche cuando viajan, a que miren el banco del parque donde nos sentamos a jugar, a que miren atentamente al encargado de su tienda de chucherías...

Y el obligar a interactuar con la mirada en directo tiene como objetivo incitar a la conversación. Recientemente se ha estado investigando el desarrollo cerebral de los niños y su asociación con la conversación. Existen varios estudios punteros al respecto como el del 2009 de la Universidad de California en Los Ángeles, publicado en la revista *Pediatrics*, o el último del 2018, mucho más revelador y llevado a cabo por el prestigioso MIT. En este último descubrieron por medio de imágenes de resonancia magnética funcional para realizar estudios cerebrales, que las conversaciones entre adultos y niños ayudan a cambiar el cerebro del niño y que este intercambio por parte de los interlocutores es mucho más importante de cara a desarrollar su pensamiento crítico que el mero hecho de que sepan/conozcan más o menos palabras.

Hasta no hace mucho se pensaba que los niños de familias de clase social alta, al escuchar durante su crecimiento un mayor número de palabras tenían cierta ventaja sociocultural de inicio. Pero este último estudio ha descubierto que la diferencia en los procesos de desarrollo del pensamiento crítico de los niños a la hora de poder expresarse, sobre todo cuando se trata de hacer giros lingüísticos, se basa principalmente en el desarrollo de la conversación y no tanto en la riqueza de vocabulario que escuchen. Además, han podido corroborar que tanto el factor de la clase social, como el nivel educativo de los padres, tampoco son determinantes en este desarrollo del pensamiento del niño. Familias de clase social baja y media, progenitores con un bajo nivel de estudios, pero que tenían el hábito de conversar frecuentemente con sus hijos han logrado que el desarrollo cognitivo y cerebral de sus hijos sea mejor que aquellas de clase social alta donde la comunicación era unidireccional. El estímulo intelectual que le supone al cerebro del niño tener que mantener una conversación con un adulto provoca un desarrollo esencial en su cerebro. Las resonancias magnéticas revelaron que los niños que estaban expuestos a realizar más conversaciones con los adultos tenían más actividad en una zona del cerebro denominada Broca, que es la involucrada en la producción del habla y en el procesamiento del lenguaje. De este modo se ha demostrado que una parte esencial en el desarrollo neuronal de los niños es la conversación, el diálogo interactivo, frente a lo que se pensaba hace poco sobre la riqueza de vocabulario, que si bien también ayuda al mismo sin embargo su peso no es tan determinante.

EL SISTEMA EDUCATIVO

Otro de los factores destacados que les impiden a nuestros hijos/alumnos poder organizar y expresar sus ideas de manera correcta es el modelo de sistema educativo que tenemos. En nuestro sistema educativo la expresión oral todavía no es la prioridad. Aprender a leer, escribir, sumar y restar sigue siendo el eje principal de las primeras etapas educativas junto al desarrollo secundario de la sociabilidad. Se están poniendo de moda los modelos de aprendizaje en los que el niño es el que investiga, partiendo de sus intereses y en los que el juego —la ludificación (gamificación)— sirve como motivación para captar su atención, pero la estructuración del sistema no deja que estos dialoguen y conversen lo suficiente para compartir con la clase todo este proceso. Los niños aprenden a interactuar entre ellos y con sus maestros/as pero apenas queda tiempo para poder entablar diálogos continuados bien con los adultos, bien con sus semejantes. Con veinticinco alumnos por aula, parece que trabajar la expresión oral al mismo nivel que la comprensión lectora, las matemáticas o la escritura es difícil. Si tenemos que cederle a cada alumno la palabra para que hable cinco minutos y entablar una pequeña conversación con ellos, se nos evapora la hora. A pesar de esto se están dando pasos para paliar este déficit de expresión oral en nuestros hijos/alumnos. En los currículos académicos se procura que, poco a poco, los alumnos realicen presentaciones orales, en forma de exposiciones, donde tengan que desarrollar una parte de esta competencia oral que tratamos que dominen. Pero no nos llevemos a engaño, en clases de veinticinco y treinta y cinco alumnos y con un temario que impartir, es muy complicado que cada alumno tenga que salir a exponer con cierta regularidad aquello que ha aprendido, de hecho las exposiciones orales son la excepción. De ahí que creo que el desarrollo del diálogo deba fomentarse principalmente en el ámbito familiar. A pesar de esto, muchos docentes hacen grandes esfuerzos de programación para que, al menos una vez al mes o al trimestre, todos sus alumnos tengan que realizar intervenciones orales donde expongan algún ejercicio. Pero poco más, pasamos gran parte de nuestros periodos de formación estudiando, escribiendo, haciendo proyectos, pero con escasa o nula expresión oral. Siendo así, no podemos exigirle a estos niños que sean capaces de expresarse por medio de la palabra de manera clara y ordenada.

Luego si en el colegio, donde están seis horas diarias, pasan mucho más tiempo escuchando y escribiendo que hablando y en casa dedican más tiempo a consumir imágenes e interactuar con las pantallas, al final del día, si hacemos balance, el resultado de la interacción oral que ellos practican con otras personas es bastante pobre. De ahí la necesidad de centrar parte del desarrollo de esta competencia en el hogar. Aun así, en la metodología que hemos puesto en marcha, hemos intentado que los niños, después de terminar la etapa de cuestionamiento, tengan que dialogar entre ellos, sobre los temas que ellos ven convenientes, de cara a comprenderse los unos a los otros y forzar que sepan expresar sus ideas de la manera más clara posible.

UNA SOLA GENERACIÓN PARA MEJORAR EL MUNDO

Cualquier revolución que quiera tener éxito en una sociedad tan compleja como la nuestra tiene que pasar inexorablemente por evolucionar el pensamiento crítico. De lo contrario serán conatos, modas, eslóganes que se disipen con la misma velocidad e intensidad con la que lleguen. La verdadera revolución social y sobre todo la única revolución educativa y pedagógica que podría modificar algo pasa por educar en el pensamiento crítico frente a la superficialidad, la frivolidad, el entretenimiento, la distracción, la ligereza… que parecen haberse apoderado de nosotros.

Hagamos un ejercicio optimista de previsión de futuro a medio plazo. Imaginen que sus hijos, desde que entran en la enseñanza obligatoria, dedican a diario, o un par de días a la semana (para no abusar del *statu quo* de la carga docente que a veces es tan complicado modificar) unos minutos en clase a asimilar algunas de las técnicas y metodología sobre el pensamiento crítico que aquí trabajamos y que además, a base de práctica, logran mejorar la concentración (sobre todo en las cosas que no les resultan estimulantes, puesto que para las estimulantes siempre son capaces de concentrarse sin ayuda) y también su atención. Imaginen que se pasan desde los tres años (enseñanza preobligatoria) hasta los dieciséis aprendiendo a analizar las ideas que se les presentan en su entorno y que además en casa, desde que son pequeños, tienen el apoyo de sus progenitores a la hora de ir desarrollando su propio aparato crítico, libre de coacciones sociales y sobre todo personales, donde nos convertimos en unos padres que no les dicen a quién hay que votar, a quién hay que creer, o con qué amigos se tienen que juntar, sino que les animamos a ir descubriendo por su cuenta el mundo en el que se mueven, a ir analizando las cosas que les rodean. Imaginen que logramos que poco a poco sean capaces de ir librándose, o aún mejor, protegiéndose por sí mismos de las seducciones mediáticas y virtuales que minuto tras minuto los bombardean.

Hagan un ejercicio de simulación mental pensando en ellos, en qué clase de personas se convertirían si encuentran en casa un estímulo para pensar desde sí mismos hacia fuera, sin repetir como papagayos lo que ustedes les dicen, o lo que sus profesores les dicen, o lo que sus amigos les dicen, o lo que los *youtubers* les dicen... porque desde que son pequeños ustedes siempre han querido que sean «personas con criterio propio», porque siempre les ha dado rabia que se dejen manipular por los sabiondos, por los «líderes» de su clase, por las modas, por la presión del grupo...

Imagínenlos sabiendo ordenar los pensamientos que tienen y encontrando la manera adecuada de expresarlos, valorando las ideas de otros amigos y compañeros, incluso las ideas suyas, intentando hacer ejercicios de comprensión sobre lo que los otros opinan. Puestos a imaginar, imaginen que ellos mismos han logrado conocer y sobre todo reconocer qué les sucede en cada momento, es decir, toman consciencia, son conscientes de qué es aquello que les ocurre en su interior y que, con el paso del tiempo y el desarrollo de su pensamiento crítico, no solo lograrán identificarlo sino también analizarlo, saber por qué les pasa eso, y además son capaces de presentar soluciones alternativas en el caso de necesitar controlar esas emociones. Es decir, tras lograr practicar a diario unos minutos de concentración (meditación y atención) y realizar pequeños análisis sobre problemas filosóficos, sobre problemas cotidianos, sobre sus preocupaciones, sobre sus anhelos, tras conocer mejor de dónde provienen sus deseos, sus frustraciones, deciden elegir, una vez cumplida la formación escolar secundaria, un camino laboral concreto acorde con lo que saben de ellos mismos. Si todo esto sucediera, en este maravilloso futuro casi de ciencia-ficción que les dibujo, sin duda estaríamos mejorando el mundo. ¿Acaso no querrían tener unos hijos/alumnos/políticos... que sean capaces de examinar lo que sucede a su alrededor de manera analítica, que sean conscientes de lo dañino que puede ser un estereotipo publicitario o un político sofista y parlanchín? Para esto solo necesitaríamos una generación educada así para cambiar el mundo.

Estamos en ese momento crucial en forma de punto de inflexión en el que o bien los educamos bajo el paraguas del pensamiento crítico para que sean capaces de cambiar el sistema a mejor, o bien será el sistema el que los moldee a ellos bajo el amparo de sus intereses.

LA ETERNA BÚSQUEDA DE LA PASIÓN

Cada vez se impone más la idea en esta sociedad de la hiperactividad, los hiperestímulos y la turbotemporalidad de que la felicidad de las personas pasa por encontrar su vocación. A esto se le añade el problema de que en nuestros sistemas educativos no existen asignaturas ni experiencias encaminadas a que nuestros hijos experimenten en busca de estas vocaciones que, al parecer, les harán la vida maravillosa. De ahí que, tras ser bombardeados constantemente sobre la necesidad de realizarse principalmente a través de tu trabajo, muchas personas terminen sintiéndose fracasadas por no haber logrado alcanzar el famoso Shangri-La de sentirse plenamente colmados en su día a día laboral. Los popes educativos mediáticos no cesan de enviar este mensaje que consideran de vital importancia para el desarrollo de la felicidad de las personas: la necesidad de encontrar una vocación que se convierta en el trabajo de tu vida y con el que ser enteramente feliz. Si atendemos a personas como Ken Robinson creemos que tenemos que hallar «nuestro elemento» para poder realizarnos como personas. Estandartes sociales como Steve Jobs nos animan a encontrar nuestra pasión esencialmente en lo laboral porque así sentiremos que nuestra vida cobra sentido y anima a los estudiantes a buscarla de manera casi febril. ¿Pero qué sucede cuando, llegado a la madurez, no conseguimos encontrar esta vocación con la que, supuestamente, dotar de sentido a nuestra vida? Entonces es cuando tenemos que echar mano a las estadísticas de la Organización Mundial de la Salud que afirma que para el año 2020 la depresión será la principal enfermedad que acorte la vida de las personas. Es por esto, entre otros muchos motivos, por lo que tenemos que lograr educar en el pensamiento crítico a nuestros hijos, a nuestras futuras generaciones. Aprender a pensar y analizar la idealización (vs. realidad) de estos modelos virtuales (irreales) que se propagan a diario desde todos los medios de comunicación existentes es básico para su estabilidad mental.

Lo que detecto en gran parte de los jóvenes que entran en mis clases es que tienen un sentimiento de angustia que termina desencadenando una especie de vacío existencial en lo que respecta a la proyección de sus vidas. En muchos casos están asumiendo un futuro virtualizado que, tras mucho tiempo habiéndolo interiorizado como ideal, de repente llegan a considerar inviable, poco realizable, imposible de alcanzar, pero para cuando se dan cuenta de que lo han asumido es tarde. Entre otras cosas porque ese bombardeo virtualizado que tanto daño hace a la hora de diseñar sus proyectos de vida ha logrado el efecto deseado que es presentarle a los ideales virtuales como si fueran realidades factibles. Existe una gran dificultad en poder desarrollar interiormente un proyecto de vida viable al estilo de la propaganda que les llega por doquier de manera que no le encuentran sentido muchas veces a lo que hacen en su día a día. Una de las consecuencias más catastróficas de este problema se manifiesta en la idolatría del presente frente a la falta de esperanza del futuro. Por eso es importante que aprendan a pensar más allá de lo inmediato, más allá de lo instantáneo. Por eso es interesante completar los ejercicios de pensamiento crítico con los de meditación, análisis y atención de cara a que sepan calmarse, tomarse su tiempo, no sentir que la aceleración se apodera de ellos ejerciendo en la mayoría de las veces una presión injustificada. Enseñarles a tomar distancia, a ralentizar un poco el reloj de cara a darse cuenta de que nada es tan urgente, que se puede organizar la vida de manera más sosegada.

Y aunque el mensaje de buscar lo que nos apasiona y convertirlo en nuestro trabajo creo que es muy dañino para la gran mayoría de los mortales, eso no quita que haya una minoría de nuestros hijos que lo tengan claro desde una edad temprana. Para el resto, llegados a ese punto de la vida en la que no han logrado encontrar aquello que les apasiona para convertirlo en su trabajo y así ser capaces de ganarse la vida haciendo algo que les gusta, entonces solo les queda recurrir al pensamiento crítico. Si llegado este momento no hemos educado a nuestros hijos en el sano ejercicio de aprender a pensar, es muy probable que caigan en la desesperación y el desánimo al sentirse unos fracasados porque pensarán que el camino de la felicidad pasa inexorablemente por la realización laboral en forma de pasión.

Una buena pregunta es ¿por qué no logramos encontrar nuestra vocación? ¿Por qué la gran mayoría de mis alumnos cuando acaban su bachillerato no se sienten capacitados para elegir con confianza y seguridad su futuro? Apenas el 5% de mis estudiantes tienen una clara vocación referida al futuro laboral que desean, el resto entran en una espiral de angustia que les provoca desazón y cierto sentimiento de fracaso personal cuando creen que la elección que realizarán en torno a los estudios universitarios que harán, no es la que verdaderamente les llena, pero tampoco saben qué es lo que les llena. Y una parte importante de esta angustia está generada por el dañino mensaje que les dice que encontrarán la felicidad si convierten su pasión en su trabajo. La sociedad tampoco pone mucho de su parte cuando llegan estos momentos, la presión social que se ejerce sobre los grados universitarios y los másteres, el nivel de exigencia en idiomas, las cifras del paro..., todo apunta a que el futuro de ellos no es nada prometedor en el plano laboral. A esto se le suma que no hemos dedicado tiempo a darle la importancia que requiere su ocio, de manera que no es de extrañar que todas sus aspiraciones pasen por el ideal de la pasión laboral.

El problema de encontrar «tu pasión», «tu elemento», o como quieran llamarlo, puede convertirse en un arma de doble filo para las generaciones que están llegando al mercado laboral y para las que se están formando actualmente. Muchos de estos jóvenes están en una fase de búsqueda que no es nada fácil para los tiempos que corren, donde la oferta de modelos de vida se ha multiplicado exponencialmente hasta límites insospechados. Hasta hace poco la juventud solía heredar la personalidad de sus círculos más contiguos, con los que apenas había una pequeña brecha generacional. Pero con la globalización esta brecha se ha acrecentado y sus modelos a imitar a la hora de ir forjándose la personalidad se han alejado; así, en lugar de heredar la personalidad, cosa que es bastante sencilla, ahora tienen que construírsela. Y el problema es que estos referentes están cada vez más alejados de sus entornos personales. Son referentes, en la gran mayoría, virtuales.

Tenemos que empezar a educarlos en la cercanía, a romper esa brecha que está provocando que ellos tengan que construirse una identidad sin estar preparados para ello. Estamos asistiendo a un fenómeno único en la historia de la humanidad y es la necesidad de nuestros hijos de edificar su propia identidad desde muy pequeños. Al no tenernos cerca, al no educar su tiempo de ocio con una socialización sana y próxima, al dejarlos solos con la excusa de la autonomía y el desarrollo individual, ellos terminan pasando su tiempo de ocio en el mundo virtual, consumiendo ideales de vida y modelos alejados de toda realidad, falsificando sus personalidades y circunstancias por medio de avatares en las redes sociales y buscando un cariño y afecto mediatizados en forma de *likes*. Y como son niños y preadolescentes a los que no se les educa en el pensamiento crítico, terminan pensando y, lo que es peor, sintiendo que una vida exitosa, una buena vida, es aquello virtual que están consumiendo como si fuese real. Y este modelo de éxito que consumen está siempre asociado al reconocimiento social en forma de productividad, ya sea en número de *likes*, en número de seguidores, en número de *fans*... Y siendo así, no es de extrañar que se compren el discurso con las consiguientes decepciones y fracasos que se autoinfringirán en la medida en la que se den cuenta de que no son capaces de alcanzar esta vida virtualizada.

TIEMPO, REFLEXIÓN Y EXPERIMENTACIÓN

Pero insisto: ¿por qué no son capaces de encontrar su vocación? Creo que si acudimos a la filosofía nos ayudará a aclarar esta cuestión. La gran mayoría de ellos han pasado por el sistema educativo y por el complemento que les da su formación en el hogar, sin dedicar tiempo a conocerse a sí mismos. Ya los griegos tenían aquella famosa sentencia del Oráculo de Delfos que decía «conócete a ti mismo», una sentencia que Sócrates repetía para demostrar que, de todos los saberes, este era el más difícil y el más importante. Y en este sentido es cierto que tenemos un déficit por todos lados, tanto a nivel familiar como social y académico. Dejamos que nuestros hijos crezcan sin apenas conocerse, entramos en una vorágine de hiperactividad que impide tener tiempo de reflexión sosegada, tiempo de autoanálisis.

Para encontrar una vocación, una pasión o «tu elemento» es necesario conocerte y para conocerte necesitamos tiempo, reflexión y experimentación. Tres cosas que no siempre se tienen a mano cuando estamos educando a las generaciones presentes. Por eso es tan importante poner en marcha ejercicios de pensamiento crítico y de análisis que ayuden a que nuestros niños y jóvenes sean capaces de comprender qué es lo que les sucede por dentro. Si logramos insertar en ellos esos hábitos de conducta de análisis y concentración, si logramos que ellos sean los que busquen y exijan esos momentos de sosiego, habremos ayudado mucho en la búsqueda de sus pasiones. Otra cosa distinta es que tengamos que «venderles» el mensaje de que la pasión esté asociada exclusivamente con el trabajo y con la productividad. Si limitamos la búsqueda de la pasión a este campo, corremos el peligro de convertirlos en seres miserables que medirán y orientarán su vida y su felicidad por criterios pragmáticos laborales.

La presión para ser felices es cada vez más grande, una presión virtual que inunda y agobia cada vez más sobre todo porque el modelo de felicidad que nos presentan está asociado con el éxito laboral, y este, a su vez, ligado con el reconocimiento personal. Si no logras convertir tu pasión en tu trabajo, entonces parece que no podrás alcanzar la felicidad, y como ya hemos dicho, un mínimo porcentaje de la población es capaz de aunar ambos. Siendo así es necesario que nuestros hijos/alumnos tengan bien construido su pensamiento crítico, su capacidad analítica, pero que sepan que se puede ser feliz independientemente de si uno se desarrolla en su trabajo, o si uno logra convertir su pasión en su trabajo.

Los proyectos de felicidad de las generaciones anteriores no tenían esta necesidad de asociar el trabajo con la felicidad, centraban su proyecto de felicidad en la familia, en el ocio, en estar con los demás, es decir, lograban ser felices fuera de su tiempo de trabajo porque el trabajo era un instrumento necesario para poder vivir lo mejor posible pero después la felicidad se asociaba a las otras facetas de la vida fuera de las ocho horas laborales. No podemos perder de vista que en la división del día en 8/8/8, el primer tercio son ocho horas para trabajar, el segundo tercio son ocho horas para cada uno y el tercero eran ocho horas para descansar. Hasta no hace mucho tiempo, nuestros padres centraban su proyecto de felicidad en los 2/3 dedicados al tiempo para uno mismo y al tiempo para descansar, es decir, la proyección de una vida feliz estaba en consonancia con la familia, el tiempo libre, la comunidad, el descanso..., y el trabajo, el primer tercio, era un medio para conseguir llevar a cabo la felicidad en los otros 2/3.

Esta es una de las cuestiones más importantes que nuestros hijos tienen que descubrir por sí mismos. Para eso es necesario el pensamiento crítico, para que ellos lleguen por sí mismos a esa reflexión. Si no es así, si no llegan a pensar por sí mismos, es muy probable que no se lo crean, que no terminen de estar convencidos sobre la importancia de aprender a ser felices independiente de la labor profesional que desarrollen. Y esta es una de las labores más importantes que los padres tenemos por delante, tenemos que ayudarles a darse cuenta de que el reconocimiento social y el profesional no son factores tan importantes como nos intentan vender. Pero para eso tenemos que dedicar más recursos a enriquecer su tiempo de ocio, el tiempo libre. Si queremos que sean capaces de centrar su proyecto de vida en diversos factores, a ser posible paralelos al mundo laboral, entonces necesitaremos cuidar y dar ejemplo en nuestro tiempo libre. Crearles ambientes donde sepan desarrollar otras actividades en familia, o con otros grupos, en las que se logren divertir, donde puedan encontrarse cómodos, que sientan que son valorados por su personalidad y no por sus logros, o por su productividad.

¿Qué pasaría si en la próxima década implementamos en todos los centros educativos a todos los niveles, diez minutos de pensamiento crítico, cada uno a su nivel, y un minuto de ejercicios de concentración, de atención, de desconexión? ¿Y si además logramos asimilar rutinas de pensamiento en el hogar de manera natural? Seguramente nuestros hijos crecerían a nivel personal de un modo completamente distinto al que ahora tenemos, donde la gran parte de sus vidas se define exclusivamente por la actividad y por el resultado de su producción en forma de resultados. Introducir unos minutos para aprender a realizar análisis de las ideas y de los sentimientos, dedicar un ratito para examinar los mensajes de otros, aprender a oír, prestando atención activa a la vez que ponemos en marcha el aparato crítico, y, por si fuera poco, ser capaz de mantener la atención fija cada vez con más facilidad, con más concentración, sería de gran ayuda para su formación. Esto les proporcionaría un aparato más potente y, por lo tanto, serían más exigentes con los razonamientos de las personas que les rodean y más analíticos con los mensajes que se vierten a diario desde los medios de comunicación.

Una de las ventajas que se dan al implementar ejercicios de pensamiento crítico, reflexión y análisis filosófico a toda una generación sería la de obligar a la sociedad a no banalizar ni argumentar de manera superficial. Las exigencias sobre los argumentos que, por poner un ejemplo, nos diesen los políticos, tendrían que ser cada vez más matizadas para no caer en el desprecio de esta nueva generación que exigiría un nivel superior de argumentación para el mundo que le rodea. Con solo una generación que pudiera disfrutar de las ventajas de esta implementación en sus procesos educativos se lograría mejorar el nivel intelectual de la sociedad.

Asimismo, otro de los enormes beneficios que aportaría implementar el pensamiento crítico sería de carácter social. Frente al imperio del hiperindividualismo que estamos experimentando, aprender a pensar críticamente tal y como yo lo entiendo requiere tener en cuenta las circunstancias y los contextos «del otro». No se puede pensar bien si uno se olvida que los demás nos afectan y nos complementan en todos los aspectos. De manera que si educamos a nuestros hijos a realizar los ejercicios de empatía intelectual (los de empatía emocional son casi innatos y bastante más involuntarios), con los demás no solo estaremos construyendo una sociedad menos individualista, sino que también estaremos ayudándoles en su proyecto de persona en interconexión con el resto.

LA IMPORTANCIA DEL COMPROMISO

Pero son muchos los factores laterales que ayudan a que podamos educar adecuadamente en el pensamiento crítico. Una de las cuestiones más interesantes en torno a las cuales nos quejamos los padres y educadores es la falta de compromiso que a veces muestran nuestros hijos. Muchos elementos influyen en esta falta de compromiso, la potenciación del hiperindividualismo es uno de ellos pero no el único. A esto se le suma que estamos educando peligrosamente en los resultados instantáneos y en la satisfacción instantánea de las necesidades. Estamos en la sociedad hipermoderna de la inmediatez, donde los tiempos verbales pasado y futuro apenas tienen peso categórico en sus vidas. Cuando son niños, es normal e incluso prescriptivo que no piensen directamente mucho en el futuro, pero no por eso es menos importante que seamos capaces de ayudarles a tener en cuenta el futuro indirectamente a través de un tema tan primordial para el desarrollo educativo de nuestros hijos como es el compromiso. Si logramos educar en la política del compromiso a nuestros alumnos e hijos estaremos ayudándolos a que sean capaces de pensar más allá del presente, más allá de lo instantáneo.

Una de las manifestaciones más comunes entre nuestros hijos y estudiantes es la desgana a la hora de enfrentarse a retos del presente cuyo resultado solo se pueda percibir a medio o a largo plazo, es decir, que adquieran compromisos más allá de la recompensa inmediata. Si queremos que suavicen la idolatría del presente, la adoración del instante, la entronización del famoso *carpe diem*, es necesario que aprendan a pensar en el futuro de manera indirecta y esto se puede hacer trabajando el compromiso. El problema es que el tiempo pasa de manera vertiginosa y no cesamos de ocuparnos de miles de cosas que requieren nuestra presencia en el momento actual. Por eso necesitamos que nuestros hijos aprendan a meditar, a concentrarse, sobre todo a tomar distancia de vez en cuando.

Los ejercicios de pensamiento crítico que hemos trabajado tienen como objetivo animar a que sean capaces de reflexionar sobre su propia vida y el mundo que les rodea, y los de meditación-desconexión tienen como meta separarse un poco de todo lo inmediato, de lo que acontece en el ahora, y que se despeguen de la vorágine de acontecimientos que incesablemente bombardean sus vidas. Ambas cosas, la reflexión sobre sus vidas acompañada de la capacidad de concentración nos servirán para un fin primordial, la capacidad de adquirir compromisos a medio y largo plazo. Desde que son niños podemos ir enseñándoles los beneficios de realizar pequeños esfuerzos, a veces pequeños sacrificios, que estén encaminados a mostrarles que, a medio plazo, dan resultado. Desde ahorrar en una hucha cada semana un poco de dinero con un objetivo concreto hasta lograr que lleven un diario, que hagan un poco de deporte… La idea es que ellos se comprometan con algo de manera que el objetivo de la actividad no esté a corto plazo sino a medio o a largo plazo. Para eso es necesario que al terminar la actividad de compromiso que hemos comenzado les hagamos reflexionar sobre la misma para que asuman la importancia de la misma. Si lo hacemos bien ellos irán poco a poco interiorizando la importancia que tiene saber que el futuro se construye siempre en el presente y que la mejor manera de controlar ese futuro que ellos pueden construir es adquiriendo y cumpliendo a diario ese compromiso que se han impuesto. De este modo les haremos ver que el futuro solo se entiende realmente y se comprende cuando el compromiso se adquiere en el presente, cuando somos capaces de hacerles entender que lo que hacen hoy tiene peso y repercusión el futuro.

Y esto puede ser aplicable a cualquier cosa que hagan. Por poner un ejemplo que suelo usar con mis estudiantes: la huella digital. La huella digital es el nuevo currículum oculto al que parece restársele importancia. La huella digital son todos los restos que vas dejando en Internet a través de tus redes sociales, tus blogs, tus páginas webs..., es decir, es todo aquello que publicas, aquello que apruebas con un «me gusta» o desapruebas con un «no me gusta», la gente que tienes adherida a esas redes sociales... Todo esto empieza a ser una información muy relevante para las empresas a la hora de contratar. No vamos a entrar a discutir sobre la idoneidad, la moralidad o la conveniencia de escudriñar tus redes sociales para saber si te dan o no un puesto de trabajo que no tiene nada que ver con tus opiniones sobre el mundo, pero lo que sí es importante es que las empresas lo tienen muy en cuenta, tanto o más que el currículum académico. De modo que tenemos que mostrarles la importancia y la posible repercusión en su futuro cada vez que deciden hacer un comentario en redes sociales o subir una foto de manera pública. Tienen que ser conscientes de la importancia de la huella digital y darle la suficiente categoría al futuro como tiempo verbal a la hora de querer publicitar en la red cualquier cosa que crea conveniente. Tenemos que lograr que, poco a poco, se vayan preocupando por cuestiones que estén más allá de lo inmediato en sus vidas y eso solo se logra con práctica.

IMPERMEABILIDAD CONTRA LAS IDEOLOGÍAS. ¿POR QUÉ FILOSOFÍA PARA NIÑOS?

Entre otras cuestiones estamos viviendo en un mundo donde existe una sobreabundancia de información constante. Los niños están permanentemente inundados de mensajes de publicidad y estímulos, de modelos de vida teledirigidos desde los que se intentan controlar sus gustos, sus deseos, sus sueños…

Una de las grandes ventajas de trabajar el pensamiento crítico con los niños y adolescentes es dotarlos de autonomía analítica. Es decir, protegerles contra los constantes intentos que las ideologías contemporáneas realizan de cara a someterlos a los criterios comerciales o políticos, moldeando unos perfiles fácilmente manipulables que terminan logrando que la personalidad social, la identidad y el perfil de consumidor sean uno mismo. De este modo podríamos ahorrarnos muchos quebraderos de cabeza a la hora de embarcarnos en discusiones politizadas sobre la educación reglada.

Introducir ejercicios de concentración para los más pequeños y de meditación para los mayores como parte del currículo ayudaría a nuestros hijos a prestar atención al mundo que les rodea. Si además logramos insertar ejercicios de pensamiento crítico, de análisis, de reflexión sobre sus preocupaciones cotidianas lograremos que sean menos permeables al tremendo poder que las ideologías presentan.

Aprender a concentrarse, a relajarse o a desconectar, al tiempo que desarrollan el pensamiento crítico ayudará a que nuestros hijos (no olvidemos que son el futuro de este mundo) se conviertan en personas resistentes a la manipulación mediática, política e ideológica de esta doctrina que el sistema derrama por doquier y que es hiperestimulante. Educar adecuadamente pasa por lograr que ellos sean competentes para construirse sus propias ideologías siendo capaces de desarrollar una especie de eclecticismo antifanático. Es decir, tenemos que ponernos como objetivo que formen la personalidad, a ser posible, poniendo el peso en ellos mismos. Que sean capaces de desarrollar y sentir como suyos los criterios que hayan creído convenientes seleccionar para el desarrollo de sus vidas y de sus personalidades. En este sentido, mientras más eclécticos logren ser, mejor, es decir, si son capaces de analizar distintos puntos de vista sobre un determinado asunto, lo ideal sería que organizasen su criterio haciendo uso de las mejores perspectivas sobre cualquier asunto que estudien independientemente de dónde las hayan obtenido. De este modo estaremos ayudando a que sus personalidades no caigan en el fanatismo ideológico y sean capaces de sacar el mejor partido posible a las cosas que les afectan y les rodean.

Es una manera de educar «contra las ideologías» que en muchas ocasiones están contaminadas por criterios meramente pasionales o poco reflexivos, donde siempre se les presenta un único punto de vista que pretende convertirse en verdad universal. De hecho cuando son más pequeños, el mercado centra gran parte de sus esfuerzos e inversiones en educarlos para que asocien la felicidad con el consumo material, para convertirlos en macroconsumidores constantemente insatisfechos, y si no potenciamos el pensamiento crítico al final el mercado habrá logrado que ellos entren en esta dinámica de felicidad y consumo como algo natural y deseable, habrán claudicado ante la ideología del mercado.

Para eso los ejercicios sobre la felicidad y el consumo pueden ser de gran ayuda. En casi todas las sesiones de talleres de pensamiento crítico que hemos realizado con niños donde ha salido el tema del consumo y la felicidad, los niños demostraban que eran capaces de entender que comprar y comprar no terminaba siendo una fuente de felicidad auténtica. Muchos de ellos tenían claro que había cosas que les proporcionaban satisfacción o momentos en los que estaban contentos, sobre todo cuando hablábamos de videoconsolas, *tablets* o *smartphones*. Pero acto seguido la gran mayoría de ellos reconocían que siempre las usaban cuando no tenían amigos con los que jugar. Confesaban que preferían pasar el tiempo en la calle jugando con sus amigos que comprarse una videoconsola.

EL CÁNCER DE BOB ESPONJA

Para que no sean tan permeables a las ideologías se tiene que trabajar de manera concienzuda, constante y sobre todo cercana. Y no es necesario hacer cosas excepcionales para lograrlo, cualquiera de los detalles de la cotidianeidad que les rodean puede sernos de utilidad para comenzar a sembrar ese espíritu crítico que buscamos. Una de las cuestiones esenciales para ir trabajando este hábito desde casa, independientemente de los ejercicios que aquí expondremos más adelante, pasa por estar atentos a los contenidos digitales que ellos consumen. Recuerdo que cuando mis hijos eran pequeños solíamos estar presentes/atentos mientras veían dibujos animados, algo muy normal. Aunque lo ideal es ir combinando modelos de entretenimiento pasivos (la televisión, YouTube, música...) con modelos activos (juegos de mesa en familia, paseos, incluso videojuegos en los que tienen que conseguir retos o interactuar), la verdad es que lo más cómodo y recurrido es usar la pantalla de la televisión con las series infantiles para que ellos se entretengan. Pero este consumo de pantalla también puede ser un aliciente fenomenal para ir creando este hábito de pensamiento crítico.

A nosotros nos pasó con la famosa serie *Bob Esponja*, tras ver varios episodios con ellos caímos en la cuenta de que algo fallaba en el planteamiento de la serie si lo enfocamos desde el plano educativo. Permítanme que les haga un breve análisis de lo que concluimos: resulta que Bob Esponja es siempre feliz, sus preocupaciones siempre acaban solucionándose (muchas veces por suerte, por el azar de agentes externos e indirectos, todo sin intencionalidad, sin análisis, sin premeditación alguna) y todo lo que le importa a Bob Esponja es cocinar unas deliciosas «cangre-burgers» mostrando una plena satisfacción con el trabajo independientemente de que su jefe, el señor Cangrejo, le pague o no. Aparte de esto, su *hobby* es pescar medusas y estar con su mejor amigo, Patricio, una estrella de mar que se caracteriza por un modo muy simple (si me apuran, casi tonto) de estar (que no de ser) en la vida. De modo que tenemos al personaje principal de unos dibujos animados que lo único que quiere es cocinar y estar con Patricio, su felicidad se reduce a eso, porque además a Bob Esponja todo le sale siempre bien, todo termina siempre bien. Visto así, igual nos gustaría cambiarnos por él, algo simple, sin aspiraciones y con amigos simples que compartan parte de nuestra visión simplista de la vida donde un trabajo que nos gusta y una amistad que nos acompañe es la clave de todo. El caso es que en Bob Esponja apenas existe intencionalidad en lo que hace, no tiene propósitos y cuenta con un enorme factor suerte que lo saca de todos los apuros. El asunto es que él mismo es incapaz de reconocer la existencia de ese factor suerte. Pero el problema se me planteaba cuando analizaba otro de los personajes clave de la serie, Calamardo. Resulta que Calamardo es el *alter ego* de Bob Esponja, alguien que se pasa toda la serie amargado, refunfuñando por las cosas que ocurren en Fondo de Biquini (el lugar donde todos viven), luchando contra las injusticias sociales y labores (pone en marcha una huelga de trabajadores por la racanería del patrón, el señor Cangrejo), al que le encanta estudiar música y tocar el clarinete, que aprecia el arte y las humanidades, que se esfuerza por cultivarse y ser mejor persona..., pero que a pesar de todo está siempre triste, amargado y los planes siempre le salen mal. La peor característica que tiene Calamardo es la envidia sobre Bob Esponja, o más en concreto, sobre la suerte que tiene Bob Esponja, al que la vida lo trata bien sin aparente merecimiento, generándole un sentimiento de injusticia profundo. Entonces pensé en preguntarles a mis hijos qué pensaban de los personajes, quería que me dijeran qué les gustaba de cada uno, y poco a poco, se fueron dando cuenta de que algo estaba mal en el planteamiento de la serie. Si bien eran pequeños, el hecho de que alguien como Calamardo estudiara música, dedicara tiempo a aprender *ballet* clásico, se esforzase en cultivarse y no lograra ser feliz era algo que no terminaba de gustarles, no les parecía bien, sentían que algo fallaba porque los otros personajes (a excepción de Arenita) no se esforzaban por nada y sin embargo las cosas parecían irles muy bien.

Por una parte no está de más que aprendan, aunque sea a través de una serie de dibujos, que la vida no siempre es justa, que existen agentes externos a nosotros que son decisivos en el resultado de nuestras decisiones y acciones. En este sentido bien podríamos aplicar las enseñanzas del famoso filósofo estoico Epicteto (siglo I) acudiendo a su tratado para la vida titulado *Enquiridión,* donde separa dos elementos a tener en cuenta en cualquier proceso de análisis (pensamiento crítico) que tengamos que realizar: las cosas que dependen de mí y las cosas que no dependen de mí. Y por dejar apenas un pequeño apunte sobre su teoría, habría que anotar que entre las cosas que dependen de uno mismo encontramos las opiniones, las aspiraciones que tengamos, los conocimientos adquiridos o incluso nuestras acciones y la intencionalidad de las mismas. Y entre las cosas que no dependen de nosotros, y que todos deberíamos tener claras para que no nos afecten más de lo debido, encontramos las opiniones de los demás, las cosas que otras personas pueden lograr/conseguir, sus afectos y también nuestra ausencia de talento (nuestras limitaciones). Es decir, si logramos que nuestros hijos poco a poco sean capaces de comprender que, por poner un ejemplo, las opiniones de sus amigos o conocidos sobre ellos no las pueden controlar, irán aceptando ciertas realidades de este mundo que los situarán en una posición privilegiada para ir construyendo esa armadura mental tan necesaria de cara a enfrentarse al día a día.

De modo que algo tan simple y cotidiano como ver *Bob Esponja* puede convertirse en un ejercicio de reflexión que les hará comprender las cosas de una manera distinta, si bien esta inquietud centrada en que el análisis parta de ellos mismos, hay que ir sembrándola día a día, mes a mes, año tras año. Y quien dice con *Bob Esponja*, también valen videojuegos, libros, música..., sea lo que sea que forme parte de su rutina.

JOHN DEWEY: EDUCAR ES ENSEÑAR A PENSAR

Uno de los filósofos especialistas en educación más importantes de todos los tiempos es John Dewey. Es de los pocos que no se limitó a teorizar sobre cómo deberíamos enfocar la educación para que fuese lo más completa y equilibrada posible, sino que además la llevó a cabo durante diez años en Chicago. La idea de Dewey sobre la educación puede servirnos como recurso y orientación a la hora de poner en marcha los talleres de concentración y pensamiento crítico: educar es enseñar a pensar. Puede parecernos una idea demasiado obvia y no del todo acertada, pero si logramos que nuestros hijos aprendan a pensar por sí mismos, estaremos educando a una persona mentalmente fuerte, difícilmente influenciable y además será capaz de tener criterio propio. Pero podríamos alegar que enseñar a pensar no siempre es requisito de saber actuar bien o de convertirse en una buena persona, en una persona de provecho, no podemos olvidar que en la toma de decisiones el factor suerte es incontrolable y está siempre de fondo.

La idea es que aprendan a pensar bien. Pero me gustaría recalcar la palabra *pensar.* Cuando hablamos de pensar no nos estamos refiriendo a razonar. Aprender a razonar no es lo mismo que aprender a pesar. Por medio del razonamiento se puede llegar a soluciones lógicas, podemos obtener una conclusión a partir de unas premisas y todo esto a través de un proceso prelado de una lógica impoluta. Pero si solo definiésemos al ser humano por el buen uso de la razón estaríamos comparándolo con un robot al que le programamos un código para que siempre actúe usando la lógica y elija la mejor de las opciones posibles partiendo de las premisas que le damos. Por suerte para nosotros el ser humano no es una mera máquina de razonar. Como he defendido en alguna que otra ocasión, pensar, al menos para mí, es un proceso sublime que se ejecuta por encima de cualquier razonamiento. Podemos usar razonamientos ejemplares que son estrepitosos fracasos cuando los intentamos poner en práctica. Por poner algún ejemplo, podemos razonar y argumentar sobre cómo se debería constituir una ciudad ideal, o un sistema educativo ideal, podemos presentar argumentos racionales e incontestables que se caigan por su peso, muchos pensadores han demostrado tener la capacidad suficiente para esto (Marx, Tomás Moro, Platón...), pero siempre fracasan cuando los ponemos en práctica. El problema de razonar, y de entronizar a la razón como el único órgano de conocimiento, es que cuando se pone a funcionar muchas veces lo hace en el vacío. Es decir, reflexiona fuera del contexto y de las circunstancias reales e idealiza la realidad y los objetivos. Convierte, disfraza y a veces hasta falsea la realidad y la traspasa a la idea, a lo ideal. Por eso es necesario no insistir tanto en que aprendan a razonar como en que aprendan a pensar.

Pensar implica situar al razonamiento, a las ideas en una realidad concreta, con circunstancias concretas, con personas concretas y problemas concretos e intentar, en primer lugar, comprender estas circunstancias reales, no idealizarlas. Y, en segundo lugar, aportar soluciones reales adaptadas a estos contextos. Pensar implica unificar dos procesos, razonar y sentir. El razonamiento y la emoción, la comprensión emocional ubicada en una situación concreta, en situaciones reales en la vida de nuestros hijos, son vitales para que nuestros infantes logren pensar bien. Sentir es un elemento primordial que también nos define como humanos y no es bueno abandonar esa «faceta humanística» si queremos pensar bien. Pensar tiene como principal objetivo entender esa unión de datos, sentimientos y emociones que están en un determinado contexto, tanto los nuestros, como los de los demás. Es un ejercicio que requiere mucha más dedicación y práctica que aprender solamente a razonar.

BUENAS PERSONAS: ESTUDIANTES VS. ALUMNOS

Cualquier proceso educativo que se precie no debe perder de vista la importancia de enseñar a pensar correctamente. Durante más de veinte años he sido testigo de cómo mis alumnos, los que terminaban demostrando mejores dotes para el pensamiento crítico, eran también buenas personas, personas que tenían una integridad moral importante y una aceptación dentro de sus grupos sociales muy alta. Es curioso que año tras año, generación tras generación, se cumplía este rol. Y no me estoy refiriendo a los estudiantes que sacaban mejores notas en la asignatura de Filosofía, sino a los mejores alumnos/as, filósofos/as. Por eso tengo que hacer un pequeño inciso para aclarar esta diferencia que expongo en mis clases. Desde hace muchos años yo siempre distingo entre un buen alumno y un buen estudiante. No siempre van de la mano ambos calificativos. Que seas buen alumno no es requisito para que seas buen estudiante, sobre todo si hablamos de filosofía, de pensamiento crítico, de análisis contextual… Los buenos estudiantes los defino porque su principal inquietud a lo largo del periodo escolar que pasan conmigo es siempre la calificación, están muy preocupados, y me atrevería a decir que exclusivamente preocupados, por la necesidad de obtener la mejor calificación posible en el boletín de notas. Ser un buen estudiante implica saber estudiar, saber qué es lo que tienes que hacer para obtener esa calificación, los buenos estudiantes suelen hacerme exámenes maravillosos, han memorizado y comprendido lo que hemos explicado en clase y los apuntes que tienen que estudiar. Los buenos estudiantes no preguntan en clase porque, o bien entienden perfectamente la explicación del profesor, o bien ya se encargan ellos de buscar la explicación en sus casas (generalmente usando Internet); tampoco suelen intervenir en los debates, sobre todo porque en los debates no se tiene nada bajo control, los debates que hacemos en clase suelen ser de temas que se improvisan y se genera un flujo de ideas y discusiones que demuestra la capacidad de improvisar y de analizar las ideas que muchos de nuestros alumnos tienen. El buen estudiante prefiere no arriesgarse a debatir por dos motivos: el primero es el miedo a sentir que pierde el debate, que hay otra persona en la clase capaz de razonar e improvisar argumentos mejor que él mismo, de modo que prefiere mantener intacta su reputación como estudiante para no demostrar que no siempre es el mejor en lo referente a la filosofía.

El segundo motivo suele ser la inseguridad, al no poder preparar el tema previamente, al no poder estudiarlo, se siente inseguro ante la situación y haciendo el análisis de costes/beneficios prefiere quedarse callado. El perfil del buen estudiante suele ser alguien que tiene tan claro cuál es su objetivo que cualquier cosa que no le ayude a conseguirlo se convierte en un estorbo y lo aleja de su lado. Suelen ser estudiantes con perfil menos social que el resto, que estructuran todo su tiempo alrededor de este objetivo y apenas demuestran otras inquietudes más allá de las que son evidentes.

Por otra parte tenemos a los buenos alumnos. Un buen alumno no siempre saca buenas notas, no siempre obtiene buenas calificaciones en sus trabajos, no siempre es capaz de sacar el mayor rendimiento a su tiempo de estudio. El buen alumno, por el contrario, demuestra un apasionamiento vital dentro de la clase que lo convierte en un instrumento excelente para motivar el proceso de aprendizaje. Suelo distinguir al buen alumno por su actitud dentro del aula, por el interés que muestra en los procesos de aprendizaje, por la atención activa que pone de manifiesto cada día en el aula. Cuando uno lleva muchos años impartiendo docencia es capaz de distinguir al buen alumno simplemente mirando su cara y analizando los gestos y la reacción que tiene. El buen alumno está interesado en el normal desarrollo de la clase, tiene siempre ganas de participar activamente, le sorprenden los temas y quiere aprender, indistintamente de la calificación que tenga. El buen alumno quiere aprender filosofía y a filosofar, suele dar su opinión y no tiene miedo a debatir y a compartir sus ideas con los demás, hace sugerencias y críticas, a veces acertadas y otras no tanto, pero quiere ser un elemento activo dentro de la clase y además agradece siempre cada paso en su propio proceso de aprendizaje. El buen alumno no te juzga por el modelo de examen que uses, por el modelo de evaluación que hayas decidido poner, las calificaciones le importan pero disfruta mucho más aprendiendo en una buena clase que viendo su calificación en el examen. Suele pasar además que el buen alumno se implica con los otros compañeros en los procesos de aprendizaje, suele tener grandes habilidades sociales y es muy bien aceptado por el grupo. Son personas tolerantes y bastante comprensivas con los demás. No son elitistas de las calificaciones a la hora de seleccionar sus amistades o de compartir sus apuntes, o de ayudar a estudiar a otras personas. Tienen por costumbre trabajar bien en grupo y logran motivar al resto cuando es necesario. Prefieren compartir frente a competir.

Puestos a buscar el ideal, lo suyo sería que todos nuestros hijos fueran buenos alumnos y estudiantes a la vez. Por fortuna he sido testigo de esto, he tenido la inmensa suerte de poder disfrutar de este tipo de alumnado, no son numerosos pero existen, están ahí fuera, en la clase y en el mundo real. Cuando se da este caso entonces sabes que has logrado la cuadratura del círculo, que tienes delante a una persona que, además de comprometerse con los demás, se compromete consigo misma, que logra entender el mundo tal y como es, y sabe que ser un estudiante no es suficiente para este mundo regido por los estándares de las calificaciones, sino que además hay que ser un buen compañero, un buen amigo, un buen ciudadano… Entonces es cuando sabes que ese alumno ha alcanzado el grado de madurez necesario para poder enfrentarse al mundo. Un alumno que es un buen estudiante, que está capacitado además para convertirse en un buen ciudadano, alguien que tiene la habilidad de entenderse a sí mismo y también a los demás, que sabe que forma parte de un grupo social y que tiene responsabilidades, derechos y deberes para consigo mismo y también para con los demás, es alguien que camina en la dirección correcta hacia un proyecto de vida equilibrado.

De modo que cuando comienzo mis clases les digo a los alumnos esta diferencia y les animo a que sean buenos alumnos a la vez que adquieran el compromiso del estudio y para eso comienzo trabajando a diario ejercicios de pensamiento crítico por medio del diálogo, de la mayéutica. Una de las ventajas de implementar este modelo es que, cuando se adquiere la rutina, los alumnos se vuelven mejores personas. Al animarlos a trabajar al principio de las clases en forma de diálogos/conversaciones y al adquirir una metodología donde se respeta siempre un orden de intervención y se obliga a oír con atención activa y a usar siempre la respuesta del compañero para comenzar tu intervención, logramos que los alumnos valoren más a sus compañeros, los escuchen con esmero, los tengan más en cuenta. Con la práctica de esta metodología para trabajar el pensamiento crítico, donde se impone la regla de escuchar y de integrar en tu respuesta la intervención del compañero, he observado que implícitamente se favorece la sensación de la igualdad en el trato entre ellos. Los alumnos, independientemente de su edad, comienzan a considerar a los otros como iguales, observan a los compañeros como una parte más del todo que también posee emociones y sentimientos y que es capaz de aportar ideas al igual que cualquier otro. A esto le sumamos un aprendizaje sobre las emociones muy importante desde el momento en que tienen que aprender a controlar sus impulsos de hablar instantáneamente, sus ganas de intervenir espontáneamente en el debate. Les enseñamos a vigilar esas emociones, a desprenderse de las distracciones y a prestar atención a lo que los otros compañeros dicen, a entenderse mejor a ellos mismos y tener autocontrol sobre sus impulsos.

No me resisto a terminar este apartado sin retomar una vez más al gran maestro de la filosofía práctica: Sócrates. Este gran referente de la filosofía, que fue maestro de pensadores tan relevantes como Platón, tenía una teoría muy interesante sobre la relación existente entre el pensamiento crítico y las buenas personas. Su teoría se ha denominado el «Intelectualismo moral». Es bastante sencilla de entender pero muy interesante. Se resume diciendo que cuando una persona conoce lo que es el bien no realizará el mal. Parece algo ingenuo, pero vamos a explicarlo algo más y a relacionarlo con la importancia de aprender a pensar bien de cara a convertirnos en buenas personas. Para este pensador griego las malas personas, las que deseaban o cometían acciones dañinas contra otras personas, lo hacían porque eran tontas. Es decir, el mal es un reflejo de la poca inteligencia que puede llegar a tener una persona. Sócrates pensaba que cometían el mal por desconocimiento. Si las personas malas se parasen a pensar las verdaderas repercusiones que tienen sus acciones se darían cuenta de que la venganza, la envidia, las represalias... no provocan sentimientos de felicidad. A esto se le suma que al convertirse en malas personas al final los que están a su alrededor se van alejando de ellas de manera casi inevitable y terminan desconfiando de todo aquel que se les acerca (piensa el ladrón que todos son de su condición). Es decir, las malas personas no han sido capaces de realizar un análisis crítico de sus acciones porque apenas han logrado ver más allá de la inmediatez de su acción, de ahí que Sócrates pensara que las malas personas, en el fondo, eran tontas, es decir, que la maldad es una manifestación de la imbecilidad.

CONSTRUIR UNA COSMOVISIÓN

Estamos en un momento histórico delicado para la educación, sobre todo porque el ritmo de vida se ha acelerado de tal manera que nos resulta muy difícil tomarnos un tiempo para reflexionar sobre lo que hacemos. Cuando se trata de educar a nuestros hijos, a nuestros jóvenes, a nuestros alumnos, la cuestión adquiere una gravedad más importante. Estamos asistiendo al aumento de enfermedades mentales de manera exponencial, depresiones, angustias, ataques de ansiedad, sobre todo a edades más tempranas. Nunca me había sucedido, como docente, que año tras año más cantidad de mis alumnos, tanto de la Eso, Bachillerato y también de universidad, sufrieran ataques de ansiedad o depresión al nivel que ahora los tienen. En los últimos diez años, cada curso escolar, aumentan estos casos y no paran de llegarme justificantes médicos de psiquiatras infantiles y juveniles que recetan tratamientos químicos para ayudar a combatir este aumento de enfermedades mentales. Siempre hay múltiples motivos y desencadenantes de estas «enfermedades mentales» que nuestros niños y no tan niños sufren cada vez con más frecuencia, pero me centraré en las que he observado más importantes para ellos, sobre todo cuando sacamos el tema en clase. Los ataques de ansiedad, por poner uno de los casos más frecuentes a la hora de enfrentarse a un examen importante, suelen venir por dos motivos: o por la alta autoexigencia del propio alumno, o por la creencia de no poder lograr superarlo al no haberse preparado bien.

Pero la causa primera nos presenta un panorama preocupante. Durante la etapa de Primaria y Secundaria el nivel de exigencia académico no suele acarrearle problemas, la vida transcurre con cierta continuidad en lo referente al plano de escolarización obligatoria si bien, a nivel social, es un periodo vital donde el infante se enfrenta a una sociedad difícil de analizar y tremendamente cambiante.

Durante esta primera etapa transcendental, por lo general, ya hemos dicho que el alumno no ha tenido que enfrentarse a grandes retos académicos o personales. Por norma ha logrado conseguir casi todo lo que esperaba, asentar las bases teóricas de los temarios y debería haber logrado adquirir pequeños hábitos de estudio a la vez que debería haber asumido algunas responsabilidades. Durante estos procesos educativos elementales los padres y el núcleo familiar, por lo general, no le han supuesto ningún reto especial y han intentado evitarle los momentos de angustia, los sinsabores de la vida, le han ocultado las desgracias y se han criado sin grandes problemas pensando que igual el diseño del mundo sería así.

En muchos casos se ha formado su personalidad sin tener que enfrentarse a ningún contratiempo, se le han evitado los sufrimientos y se le han saciado las necesidades y caprichos. Algunos, de hecho, son auténticos narcisistas, educados en el hedonismo y en la egolatría de manera que cuando algún problema toca la línea de flotación de su propia vanidad, cuando algo puede poner en peligro el amor y la autoestima que se tienen porque creen merecer todo, entonces empiezan los problemas. Problemas que, dependiendo de la edad y del niño, cada día se manifiestan en miles de detalles que van desde la rebeldía directa a la autoridad del docente hasta el aumento de denuncias por parte de los progenitores hacia sus hijos. Denuncias de padres que han perdido la autoridad ante ellos y que se han visto desbordados por las exigencias intimidatorias de unos niños que los hemos convertido en tiranos, déspotas que creen merecer todo lo que se les antoje sin necesidad de esforzarse por nada. Pero cuando van creciendo y empiezan a notar la presión externa de exámenes importantes en los que se están jugando mucho y descubren que con su intimidación o súplicas no pueden salir airosos de estas situaciones a las que no estaban acostumbrados, entonces llegan los problemas en forma de ansiedad y de angustia. Su visión del mundo, su cosmovisión, de repente se ha visto afectada de manera tan radical que viven sensaciones de desorientación interna muy potentes.

Una de las ideas de fondo que conlleva educar con el pensamiento crítico y la meditación a medio plazo es ayudar a que nuestros alumnos e hijos se vayan formando poco a poco una cosmovisión realista y equilibrada del mundo en el que viven o que vayan cambiando la que han adquirido sin apenas supervisión nuestra. Pero para eso tenemos que dejar que se enfrenten a distintos retos a lo largo de sus procesos educativos, es necesario que sepan manejar esa tensión, esa sensación de angustia, que creen sus propios mecanismos de control cuando el sufrimiento les invada. Tenemos la obligación de poner en marcha una educación integral y no falsificada sobre el mundo en el que viven y la verdad es que incluso para los padres, dejar que tengan que enfrentarse a esos momentos y percibirles su ansiedad, es desagradable pero no deja de ser necesario si queremos que después no se paralicen ante los retos que la sociedad les irá poniendo por delante.

A esto se le suma que muchos de nuestros hijos no entienden ni sufren esa presión porque directamente no son capaces de ver y pensar más allá del placer del presente. Los hemos habituado a tener un pensamiento cortoplacista abandonando la educación en torno a un proyecto de vida, o más bien, a que tomen conciencia sobre el proyecto de persona que quieren ser. Y creo que es un mal social que empieza a extenderse a la edad adulta. Muchos de los problemas mentales de los que estamos siendo testigos suelen relacionarse con la falta de una perspectiva vital y realista sobre lo que queremos, sobre lo que nos hace felices, sobre los que nos motiva o simplemente porque empezamos a darnos cuenta de que la persona que somos en la actualidad no ha sido construida *ex professo*, sino más bien se ha dejado llevar, se ha dedicado a vivir sin reflexionar sobre el modelo de persona que quería ser y, en muchos casos, cuando el pensamiento crítico aparece para hacer este análisis, descubrimos que la persona que somos está muy alejada de la que nos gustaría ser. No educamos a nuestros hijos a que se paren a analizar sus vidas, a que aprendan a distinguir lo que verdaderamente es importante de lo que es meramente superficial. Muchas veces se pierden en cosas concretas, en objetivos demasiado livianos a los que les otorgan una importancia vital muy grande. Otras veces se obsesionan con la estética o con la aceptación social y se forman ideas erróneas de lo que significa tener una vida con éxito. Pero no trabajamos con ellos la necesidad de pensar en torno a su propio modelo de persona.

Y si dejamos que esto ocurra, que interioricen una cosmovisión virtual y falsa de la vida en la que crean que todo se puede lograr, donde domina el mantra hedonista del presente inmediato, el del consumo emocional de experiencias exclusivamente positivas, entonces estaremos colaborando a crear personalidades con una fragilidad emocional muy alta que no sabrán enfrentarse a la realidad de la vida. Hemos impuesto la hiperactividad frente a la reflexión y así no hay manera de que ellos se paren a pensar sobre lo que están haciendo con sus vidas, pero tampoco nosotros como educadores estamos tomando posición en torno a ello porque somos incapaces de darnos cuenta de que tenemos la responsabilidad de educarlos para la realidad de la vida, pero de la vida que existe de puertas para afuera de la casa. No logramos sacar tiempo para esta reflexión como adultos de manera que es imposible que logremos que nuestros hijos no caigan en la trampa de la hiperactividad si nosotros mismos estamos siempre con la agenda repleta. Algunas de las consecuencias de esta imposición tiránica de la hiperactividad aparecen cuando, si no hemos aprendido a pensar bien, nos llega un momento difícil al que enfrentarnos. Lo queramos o no, la vida nos tiene preparado un «saco de sufrimiento» que se puede manifestar de mil maneras, desde el fallecimiento de un ser querido, pasando por un estrepitoso fracaso laboral, una ruptura emocional, o lo que a veces es muy doloroso, desmoronarse cuando te das cuenta de que no has sabido criar bien a tus hijos. Son momentos en los que el pensamiento crítico hace acto de aparición para tirarnos de las orejas y decirnos algo así como «ya te lo dije». Muchos de estos momentos son tremendamente descorazonadores porque no supimos poner en marcha a tiempo el pensamiento crítico y lo que tenemos que saber es que, lo queramos o no, el pensamiento crítico siempre termina llamando a la puerta. La diferencia está en cómo lo recibamos. Si durante mucho tiempo hemos logrado acostumbrarnos a convivir con él, es seguro que esta visita del pensamiento crítico será bienvenida porque llegará para ayudarnos, para servirnos de consuelo, para hacernos entender mejor las circunstancias que han terminado desencadenando en los acontecimientos presentes. Pero si, por el contrario, no estamos acostumbrados a su presencia en nuestras vidas, entonces el pensamiento crítico vendrá a incomodar, a fastidiar, y provocará más daño del necesario y generará arrepentimiento. Para que esto no suceda es necesario que, lo antes posible, desde que nuestros hijos/alumnos son retoños, se hagan íntimos amigos del mismo de cara a tener una relación satisfactoria e instructiva para el resto de la vida.

Si logramos que nuestros hijos y nosotros mismos seamos capaces de habituarnos a una rutina diaria de ejercicios para el desarrollo del pensamiento crítico, al final sabrán enfrentarse con mejores armas a los momentos de dolor. Son ejercicios que trabajamos en clase y en casa, y que versan sobre una batería de temas que les afectan personalmente, son fundamentales para ayudarles a ir pensando sobre las cosas que les rodean, sobre lo que les afecta, sobre lo que les causa angustia e insatisfacción, sobre lo que les gusta o ansían, sobre las emociones que les perturban o que inquietan a las personas que tienen a su lado... Es decir, la idea de los ejercicios de pensamiento crítico no solo es enseñarlos a pensar, a expresar sus ideas y reconocer sus emociones, sino que, además, la selección de temas que se realiza tiene como objetivo que ellos, poco a poco, vayan formándose su propia cosmovisión, su visión del mundo que tienen alrededor, que sean capaces de ir mirando progresivamente con cierta perspectiva vital.

LUCHA CONTRA LA POSVERDAD: ANALFABETISMO MENTAL

Pero ¿para qué sirve realmente tanto cuestionamiento? ¿Para qué inculcar el hábito a nuestros hijos/alumnos de cuestionarse y mantener una actitud curiosa en este mundo hipermoderno? A esta pregunta se puede responder desde múltiples perspectivas, pero una de las más interesantes se basa en la lucha contra la posverdad. *Posverdad* ha sido la palabra del año 2016 según el diccionario de Oxford, todo un referente para la lengua inglesa. La palabra *posverdad* viene a tener la siguiente significación: «Denota circunstancias en que los hechos objetivos influyen menos en la formación de la opinión pública que los llamamientos a la emoción y a las creencias personales». Es decir, que al parecer la verdad y los hechos objetivos son cada vez menos relevantes a la hora de informar. Lo que más influye es la capacidad de emocionar frente a la propia verdad. El peso de la emoción, sea verdadera o falsa la noticia, es fundamental si se quiere influir en la opinión y en la percepción de la gente. En un artículo del diario *El País* titulado «Posverdad, la palabra del año», se llega a afirmar que a la hora de ejercer el derecho a voto, los votantes empiezan a dejarse llevar más por las vísceras y la emoción que la razón o la lógica. No dejan de sorprendernos los resultados electorales sobre temas como el Brexit, la presidencia de Donald Trump, o el referéndum a favor de la paz sobre las FARC en Colombia, pero según los analistas políticos lo que está sucediendo es que la gente es cada vez más emocional y menos racional. En lo que respecta al voto, es obvio que muchos de los políticos de abolengo que confían en los medios de comunicación clásicos y contrastados, pensaban que estos serían capaces de llegar a la mayoría de la población a través de su información seria y contrastada, pero nada más lejos de la realidad. Incluso el propio presidente de los EE.UU. Obama llegó a afirmar que lo que más lamenta sobre la campaña electoral en la que su partido perdió las elecciones a favor de Trump, era que no le dieron la suficiente importancia a Internet y las redes sociales a la hora de transmitir convenientemente el mensaje a la población. En uno de los discursos de despedida llegó a afirmar que subestimó el impacto que la desinformación y la piratería cibernética tienen en las sociedades modernas.

Esta tendencia en alza, esta manipulación de la verdad o de los hechos a través de los nuevos medios de comunicación, de Internet y de las redes sociales virtuales está proporcionando una visión del mundo peligrosa para nuestros hijos. Estamos asistiendo a una especie de analfabetismo mental, es decir, a una falta de capacidad crítica y analítica por parte de la sociedad a la hora de enfrentarse al mundo que le rodea. Estamos sometiéndonos al imperio de la emoción frente al sueño dorado de los ilustrados que pensaban que el progreso de la razón proporcionaría un mundo mejor, más racional. Por eso es necesario que armemos a nuestros hijos con un buen aparato crítico, que su pensamiento crítico sea capaz de tomar las decisiones adecuadas dependiendo de si es más oportuno dejarse llevar por la emoción o por la racionalidad. El desarrollo del pensamiento crítico, fomentando la capacidad de asombro y enseñando el arte de preguntarse por el mundo que nos rodea, contribuye a hacer de este mundo un lugar mejor. Tenemos que enseñarles a detectar la posverdad y cuáles son sus mecanismos de control para que ellos sean capaces de identificarla por su cuenta, para que, sin la tutela de un adulto, estén capacitados para rechazar los modelos de información falsa o falsificada, que sean competentes para preguntarse por la fiabilidad de esta información. Porque la posverdad no solo afecta a noticias políticas de implicación social, sino que también está presente en los mensajes que a diario los bombardean buscando anular su pensamiento crítico y empujándolos y seduciéndolos hacia el sencillo mundo de las emociones positivas.

Una de los retos más importantes que como padres y educadores tenemos por delante es el buen uso de Internet y, por extensión, el uso adecuado de las pantallas. Nuestros hijos viven inmersos en un mundo hiperconectado. En Internet encontramos las redes sociales, y nuestros alumnos e hijos están consumiendo su tiempo dentro del mundo virtual de manera tan o más significativa que en el mundo real. Las redes sociales, los videojuegos, los *youtubers*..., fenómenos que surgen casi por generación espontánea y que provocan en ellos la necesidad de seguir enganchados a las pantallas. Este es el problema principal con el que tenemos que lidiar cada vez que hacemos frente al mundo de la imagen virtual, frente al mundo de la imagen real. La educación que experimentan nuestros hijos tiene una influencia directa de las pantallas.

Las pantallas que les rodean saben que para captar su atención tienen que esgrimir cada vez discursos más ligeros, más fluidos, menos profundos y lo más impactantes posible, directos, acompañados de imágenes que vayan teledirigidas a los elementos más primarios buscando una fácil comprensión y una sencilla digestión; de ahí que el objetivo de toda esta fauna virtual sea atacar directamente al lado emocional, evitando la parte racional. Un lenguaje mediático que evita la reflexión y el análisis en pos de una sensación de entretenimiento, de comodidad, de familiaridad. El problema surge cuando nuestros hijos/alumnos comienzan a interiorizar las imágenes virtualizadas, falsificadas, precocinadas y preparadas como si fueran reales. Permítanme un breve inciso sobre el budismo. El budismo cree que la imagen provoca el deseo, y el deseo genera insatisfacción porque el objeto del mismo no se posee (ya sea un bien material o una sensación de felicidad). En este sentido el mundo contemporáneo de la pantalla es el principal causante de una generación constante de deseos insatisfechos que se crean por un exceso de consumo de pantalla y una carencia total de pensamiento crítico en torno a estas pantallas. El desarrollo de la filosofía en los niños tiene como objetivo ayudar a construir ese aparato crítico tan importante para que ellos sean capaces de acercarse al mundo virtual de la pantalla, ya sea vía RR. SS. como Instagram, YouTube, Facebook..., pero siempre con el interruptor del pensamiento crítico encendido.

SEGUNDA PARTE

METODOLOGÍA

INTRODUCCIÓN

Como comenté al principio, durante un año realicé un estudio pormenorizado de diversas técnicas sobre talleres filosóficos que se han estado haciendo a lo largo del planeta, desde EE.UU. pasando por Canadá, Francia, Alemania, España... Algunos elementos coincidían, sobre todo, la fase del debate que veremos más adelante, pero ninguno de estos talleres, a excepción de los basados en el método Lipman, lograban popularizarse. Al igual que me sucedió cuando intenté comprender qué es el pensamiento crítico, que nadie lograba definirlo de manera clara pero todos creían saber qué era, con la metodología de trabajo me sucedió lo mismo, no existía ningún acuerdo o modelo común desde el que trabajar. No había estudios cuantificables o, al menos, con un seguimiento calificable para saber si la aplicación de los mismos había sido de provecho. De modo que decidí empezar desde cero partiendo de una experiencia personal que provenía de dos fuentes muy cercanas con las que convivía a diario y me servían como sujetos de observación, mis hijos y mi esposa, que es maestra de infantil y primaria. En este sentido confieso que hemos sido afortunados en mi familia porque al dedicarnos al mundo de la docencia hemos podido pasar mucho tiempo con mis hijos y acompañarlos a lo largo de todo el proceso educativo. Los vemos crecer a diario y tenemos tiempo para implicarnos con detenimiento en su educación, aunque sea a costa de nuestro ocio (el de mi pareja y el mío) como no puede ser de otra manera. A esto le añado que si bien el desarrollo del pensamiento crítico siempre ha sido el eje central en mis clases, tanto de instituto como de universidad, desde que fui padre se multiplicó por mil la necesidad de entender mejor cómo trabajarlo porque siempre estuve convencido de que aprender a pensar bien es la base para el desarrollo de una vida plena y equilibrada.

Comencé a investigar sobre modelos educativos, competencias, enfoques pedagógicos para analizar, talleres a los que asistí, libros sobre el tema que leí incansablemente... Si había algo que pudiera ser de utilidad para enfocar la educación de mis hijos en el pensamiento crítico es muy probable que ya lo tuviese en el punto de mira. Tal fue mi obsesión que me embarqué en escribir un ensayo sobre la educación hipermoderna donde mi único objetivo no era otro que tratar de entender lo mejor posible el mundo en el que ellos se tenían que desenvolver y la relación que este mundo tenía con los procesos educativos reglados. Pensé que si lograba comprender mínimamente los motivos, los paradigmas, los ideales... de esta sociedad que está en constante cambio podría llegar a ser de más utilidad a la hora de educarlos. Eso me llevó a escribir un ensayo de casi cuatrocientas páginas que si bien me proporcionó una visión más analítica sobre el mundo en el que vivimos no por eso me trajo más tranquilidad o serenidad a la hora de enfrentarme al maravilloso y acongojante reto de tener que ser padre y saberte con el deber de educar lo mejor posible a tus hijos.

Mientras analizaba la evolución de la sociedad y de las innovaciones pedagógicas que no cesaban de publicarse a diario (en este sentido me remito al libro de José Antonio Marina, *El bosque pedagógico*, donde expone que desde el año 2007 al 2014 se han probado más de cuatrocientas experiencias educativas en el mundo), realizaba observaciones detalladas de mis hijos sobre cómo interactuaban con nosotros, con sus abuelos, con los compañeros, con los amigos en el patio de casa, en el jardín..., me gustaba observarlos mientras jugaban solos cuando estaban en sus cuartos y trataba de que no se dieran cuenta de que estaba allí. Con el paso del tiempo, comencé a tomar nota sobre pequeños detalles de su comportamiento que me llamaban poderosamente la atención y mantenía conversaciones con ellos sobre esos temas de cara a que me explicasen qué es lo que hacían y por qué les gustaba. Por poner un ejemplo, para mí ha sido tremendamente aclaratorio el modelo intuitivo que usaban mis hijos para escoger sus amistades, sobre todo a cortas edades. Mis dos hijos son niños normales (supongo que esto lo dirán todos los progenitores), tranquilos pero sociables, y recuerdo que, ya desde pequeños, de manera intuitiva, les gustaba relacionarse solamente con aquellos que compartían un carácter semejante. Con apenas tres años y hasta los seis aproximadamente sus mejores amigos no habían sido seleccionados ni seguían ningún tipo de criterio racional a simple vista, no eran capaces de explicarme por qué estos niños sí eran sus amigos y otros no. Simplemente les gustaba estar con aquellos que también apreciaban la tranquilidad. Pero a medida que crecía, sobre todo a partir de los siete u ocho años, cuando volvía a preguntarles por sus amistades, ya eran capaces de analizar los modelos de amistad con los que se sentían más cómodos, tenían motivos concretos para justificar por qué les gustaba pasar más tiempo con unos que con otros. Durante esas conversaciones pude observar cómo el germen filosófico, lo que yo denomino la protofilosofía, empezaba a despuntar a medida que se habituaban a realizar estos análisis. Precisamente en esos momentos recuerdo descubrir con gran satisfacción cómo mis hijos iban superando la fase protofilosófica para comenzar a dar sus primeros pasitos en la fase del pensamiento crítico.

Muchas han sido las tardes —y fines de semana— que hemos pasado junto a ellos jugando, paseando, pero sobre todo hablando. Hasta el extremo de que durante las cenas en casa de los viernes, o los desayunos familiares de los sábados, mis hijos se peleaban entre ellos por quitarse la palabra el uno a la otra de cara a «contarnos sus vidas» tal y como ellos decían. Habíamos logrado que nuestros hijos fuesen buenos conversadores, buenos narradores de historias, que quisieran hacernos partícipes o testigos de sus aventuras. Toda esta interacción me ha servido para ir construyendo pequeños ejercicios sobre pensamiento crítico que han resultado ser de gran utilidad a la hora de encarar este libro.

Por otra parte, he tenido la suerte de tener a una observadora muy analítica y profesional en lo referente al campo de la Educación Infantil y Primaria: mi propia mujer. Como he dicho, mi esposa es maestra de Educación Infantil y Primaria con más de quince años de experiencia a sus espaldas. Esta es una ventaja añadida inconmensurable e impagable para una investigación como la que estaba tratando de llevar a cabo con los niños. Tener el punto de vista de una profesional de la educación con tantos años de experiencia y que además ha trabajado con niños en todo tipo de circunstancias y clases sociales me ha ayudado mucho para hacerme una idea de aquellas cosas que podían funcionar y las que no de cara a construir una metodología concreta. Sobre todo porque al principio, cuando comenzaba con los talleres, yo no tenía la perspectiva realista que un trabajo de este tipo requiere si pretende ser útil. Gracias a sus análisis pude realizar una aproximación cabal para poder enfocar el tema de la manera más pragmática posible. Contar con una compañera de viaje como ella, profesional del sector de la educación, es una ventaja muy grande a la hora de enfrentarte al tema de la paternidad por primera vez. Y es igualmente ventajoso para realizar diagnósticos sobre los posibles problemas de aprendizaje de mis hijos, para proponer metodologías de trabajo para solucionar estos temas, pero sobre todo de cara a enfocar pragmáticamente los talleres con ellos.

TALLERES

Nunca he sido partidario de la filosofía academicista que se encerraba en las universidades y servía para entender las generalidades epistemológicas y ontológicas de este universo si no tenían aplicación práctica en la vida. Por eso decidí emprender una tarea para acercar la filosofía a la vida de las personas de un modo realista y sencillo. Y de primeras, la idea germinal de este libro la puse en práctica en mi propio entorno, con los míos, y después la ampliamos a una sociedad más amplia a través de algunos colegios. Los consejos, ejercicios y actividades que aquí presento están extraídos de mi experiencia en dos sectores y de la inestimable ayuda de los maestros que se han aventurado a probar esta metodología.

Por un lado como padre. He practicado los talleres de meditación y de filosofía con mis dos hijos. Comencé con Elena cuando tenía siete años porque detectamos que no siempre era capaz de concentrarse plenamente en algunas actividades de modo que decidí poner en marcha pequeñas sesiones de meditación. Un año después, mi hijo mayor, que contaba con nueve años, también comenzó a participar en estos talleres. Pero mucho antes, cuando apenas tenía cuatro años, comenzamos a insertar rutinas de pensamiento en el día a día por medio de ejercicios simples basados en su consumo de televisión, sobre lo que hacían en el colegio, sobre sus amiguitos... En lo referente a los hijos he de decir que estoy muy satisfecho con la formación de su personalidad durante este proceso educativo. Si bien no me he dedicado a cuantificar los resultados u objetivarlos sí puedo afirmar, no sin amor de padre, que a medida que practicamos los ejercicios de meditación, pero sobre todo, en la medida que logramos convertir en rutina el análisis reflexivo sobre lo que hacían a diario, han ido creciendo de manera equilibrada y sensata, siendo cada vez más conscientes de su realidad con la consiguiente felicidad que eso conlleva.

Para mi hija Elena, las sesiones de concentración que en su momento hicimos de manera progresiva le permitieron mejorar el rendimiento en dos facetas muy importantes: la social y sobre todo la académica. En lo que respecta a mi hijo Pedro, apenas necesitó sesiones de concentración porque no tenía grandes dificultades en este ámbito, en su caso demandaba cada vez más análisis críticos sobre su realidad y creo que esta necesidad de querer entender su mundo no se le va a pasar por mucho tiempo. La metodología que aquí expongo es el resultado de este inicio que tuvimos en casa y el posterior desarrollo en otros hogares y escuelas. No podemos perder de vista que cada niño es distinto, por eso lo más aconsejable es que cada uno adapte las sesiones a la evolución y respuesta de sus hijos o de sus alumnos. Incluso en mi caso, tuve que hacer sesiones de distinta duración e intensidad entre mis dos hijos porque cada uno reaccionaba de manera diferente a las sesiones.

El segundo sector es el ámbito escolar. Soy docente de Filosofía en Enseñanza Secundaria y en universidad, apenas tenía nociones sobre la educación en las edades más tempranas, de modo que quise rellenar este hueco experimentando de manera directa. Para esto recurrí, como ya he comentado, a mi mujer. Tener una pareja cuya profesión es el magisterio facilita mucho el trabajo de este libro, de modo que le pedí consejo sobre la posibilidad de trasladar pequeños talleres de pensamiento crítico y meditación en las edades más tempranas dentro del aula. Me comentó que uno de los principales problemas que están detectando sus compañeros/as y ella misma en lo referente a los niños es la dificultad creciente que tienen en lograr expresar sus ideas y de fijar la atención en las tareas que se les encomiendan. Es decir, problemas de comprensión, de atención y de expresión. En el fondo es una reproducción de lo que detectábamos en nuestros propios hijos y el motivo por el que comencé a meditar (ejercicios de concentración) con ellos en casa trabajando técnicas de pensamiento crítico y de atención. Finalmente decidimos poner en marcha unos talleres de pensamiento crítico y meditación iniciales para ir viendo la reacción de los niños en el aula.

Por suerte, en el gremio de los maestros con los que mi mujer tiene relación existen muchas maestras (y me refiero al femenino porque, por casualidad, todas las personas que han querido participar en esta experiencia han sido mujeres a excepción de un maestro especialista en pedagogía terapéutica) vocacionales con ganas de seguir aprendiendo a diario de cara a mejorar su docencia. De modo que no nos costó mucho encontrar a un grupo de docentes, de distintos centros educativos públicos, en diferentes ámbitos, que quisieran implicarse en esta aventura. Para esta selección quisimos tener una muestra que fuera medianamente representativa del tipo de alumnado que tenemos en la realidad, de modo que buscamos maestras que formasen parte de distintos entornos. Escuelas que estuviesen en un entorno rural, de pueblos de menos de diez mil habitantes, otras que estuviesen en la capital pero, a ser posible, en distintas barriadas para analizar el nivel de influencia de los talleres en relación con el entorno socioeconómico, de modo que seleccionamos algunos centros de la capital de barrios con un perfil socioeconómico de clase media-alta junto con algunos colegios de perfil socioeconómico de clase media baja. Teniendo en cuenta que nos encontramos en una fase inicial del proyecto no quisimos abarcar mucho más de unos cuantos colegios que, a la postre, darían la suma de un total de cien alumnos aproximadamente. Pero que conste que no pretendo que sea un proyecto científico al uso si bien teníamos en cuenta variables y modelos de evaluación porque quería saber si la metodología que había creado tenía fundamento.

ORGANIZACIÓN

La idea de los talleres en el colegio es bastante sencilla y apta para cualquier edad y si me apuran, cualquier entorno. Introducir nuevos elementos en la rutina de un maestro no siempre es fácil, de modo que quise realizar talleres lo menos invasivos posible de cara a no modificar en demasía la estructura habitual de la clase, la idea era no interferir en la rutina de las maestras o de los hogares. Muchas de las propuestas sobre la enseñanza de la filosofía en edades infantiles necesitan de periodos de tiempo específicos y organizaciones que implican romper esta rutina de los docentes y de los hogares de modo que intenté restar el menor tiempo posible tanto a las maestras que se implicaron en el proyecto como a los padres (la gran mayoría amigos) que me preguntaron por el tema y quisieron ponerlo en marcha.

Algunas de las propuestas sobre la práctica de la filosofía con niños que había estudiado implicaban materiales extra como libros o formación del profesorado, o suponían modificar la estructura de la clase, o impartirlos fuera del horario lectivo... En algunas propuestas sobre la introducción de la filosofía en niños que conocí después de aventurarme en este tema, se requería cierta formación previa para los docentes que iban a poner en práctica la filosofía en el aula. Es más, muchos de estos talleres son llevados a cabo por filósofos en exclusiva. En algunos casos, los filósofos realizaban sesiones de formación para los maestros durante varias jornadas para que estos pudieran después poner en práctica una metodología concreta. Desde mi punto de vista no hay nada que justifique que los filósofos estamos mejores cualificados para enseñar pensamiento crítico a edades infantiles que cualquier maestra/o, o que cualquier madre/padre que desconozca por completo la materia de filosofía. Tener el título de «filosofía» y los conocimientos sobre temas filosóficos no te acredita para saber transmitir estos conocimientos a otras personas y mucho menos conocer metodologías para educar en el pensamiento crítico de niños. No se trata de convertir a los padres o a los maestros en profesores o en profesionales de la filosofía. Teniendo en cuenta que no vamos a enseñar filosofía a los niños (por lo menos en este proyecto) no es necesario que un filósofo dirija este taller. Me parece que los maestros, que son especialistas a la hora de entender y trabajar la pedagogía infantil, son los más indicados para poder enseñar a pensar críticamente a sus alumnos. Ellos conocen mejor que cualquier filósofo cómo piensan sus alumnos, qué clase de inquietudes tienen a diario, qué nivel de madurez poseen de cara a poder dar unas respuestas más o menos elaboradas a los problemas que se les plantean. Y si hablamos de padres la cosa es parecida, es muy probable que unos padres que han estado atentos y preocupados por la educación de sus hijos sepan qué elementos funcionan mejor con ellos y cuáles necesitan ser reforzados.

Mi idea es distinta a la de los clásicos talleres filosóficos para niños. Mi intención no es enseñar filosofía a los alumnos al estilo clásico, no quiero que aprendan las teorías de los grandes pensadores de manera directa. Hablé con los voluntarios y les comenté que nuestro objetivo no es enseñarles filosofía, sino, haciendo uso de la idea que Kant propuso, el objetivo es que aprendan a filosofar, entendiendo por «filosofar» aprender a organizar y expresar sus pensamientos de manera ordenada y, a ser posible, justificada, potenciando las actitudes protofilosóficas que traen de serie y tratar de acostumbrarlos al sano ejercicio de la duda. Es por eso que he intentado desarrollar un método de trabajo lo más simple posible, sin requisitos materiales más allá de los de los propios alumnos. No hay textos que comentar (a excepción de si elegimos una variante del modelo Lipman que veremos más adelante), no es necesario que los que quieran poner en práctica estos ejercicios tengan que hacer sesiones de formación, tampoco hay intención de decirles a los niños las ideas y enseñarles en qué consiste la felicidad, el éxito, la amistad..., no pretendemos que memoricen nada o que asuman postulados racionales desde el exterior. El objetivo es distinto, es más bien que ellos nos expresen sus ideas y ayudarles a que lo hagan lo mejor posible, que logren tener siempre activos los elementos que conforman la base protofilosófica del pensamiento crítico, esto es, el asombro, la curiosidad y el cuestionamiento, y que además sean capaces de analizar las motivaciones que les impulsan a actuar.

Al no necesitar ningún elemento especial en lo referente a logística, los talleres de pensamiento crítico no requieren pérdida de tiempo dentro del horario escolar o en la rutina del hogar. Por supuesto, cuando me reuní con las maestras que comenzaron a colaborar en este estudio, les dije que tenían libertad plena para introducir cualquier elemento que ellas pensaran que era útil para realizar el taller. Si se veían con ganas y con tiempo suficiente de preparar un texto, una imagen, un vídeo..., y creían que eso les ayudaría a mejorar el objetivo de los talleres, yo las animaba a hacerlo. Esto implica, necesariamente, ampliar los minutos que lleva la realización del taller de pensamiento, pero cada maestro conoce a la perfección qué es lo que funciona en su clase, cómo son sus alumnos, qué clase de materiales y de contenidos son los más apropiados a la hora de lograr los objetivos. En el apartado de metodología expongo alguno de estos materiales que han sido utilizados para los talleres y que han dado buen resultado por si alguien se anima a usarlos. Las sugerencias de este libro giran en torno a la flexibilidad de la metodología pero siempre centradas en unas líneas temáticas que ayudan a desarrollar los talleres. Por eso insisto mucho en que este libro sea una guía flexible y abierta, sobre todo adaptable al perfil del docente profesional que quiera ponerla en práctica o a los padres que lo hacen en casa.

Uno de los elementos que fuimos implementando en la metodología a medida que la pusimos en práctica fue una especie de batería de temas a base de preguntas que dejamos siembre como apoyo a los ejercicios en el caso de que se tuviese que reconducir el debate o reorientar el ejercicio. Para eso, en el libro se presentan una combinación de temas (lo más filosóficos posible) de cara a que los padres/maestros tengan la base a la que acudir en el caso de que los alumnos/hijos no sean capaces de sacarles partido al taller que están realizando. Por supuesto existen muchos más que se podrían añadir al catálogo que aquí exponemos pero dejamos abierta esta selección temática para todo aquel que quiera introducirlos.

La metodología ha sido adaptada por cada maestra en su clase porque algunas de las maestras han creído conveniente introducir pequeñas variaciones a la hora de comenzar a practicar, lo bueno es que a medida que estas medidas daban resultado las fuimos implementando en el método. Algunos testimonios que presentamos recogen estas opiniones y pueden ser de gran utilidad para otros maestros. Pero lo que sí tenía claro, cuando comencé el proyecto, era que teníamos que realizar talleres de meditación y de pensamiento crítico con los recursos que contábamos, de la manera más realista posible, tanto si se trataba de una clase como si se trataba del hogar.

EXPERIENCIA EN EL HOGAR

Cuando hablo del hogar me refiero al lugar donde uno se encuentre con más frecuencia en compañía de sus hijos y que pueda mínimamente prepararse para meditar y trabajar el pensamiento crítico sin grandes distracciones. Comentando algunos casos de amigos que intentaron ponerlos en práctica, me dijeron que en casa les resultaba muy difícil encontrar tranquilidad para realizarlos, de modo que buscaban otros entornos más propicios dependiendo de sus circunstancias. La parte correspondiente a la meditación requiere un poco más de preparación y necesita un espacio más calmado, pero el taller de pensamiento crítico no necesita de ninguna cosa en especial, podemos realizarlo en cualquier lugar y a cualquier hora con ellos.

En lo referente a los ejercicios de concentración, la logística tiene un poco más de peso. Si estamos en casa es mejor hacerlo en lugares donde estén relajados y no tengan distracciones a mano. Cualquier lugar tranquilo puede valernos. Lo que sí es importante es que, una vez que comprobemos que funciona, intentemos siempre hacerlo en el mismo sitio. Es necesario alejar cualquier posible distracción del lugar, como teléfonos móviles, televisores, radios..., mientras más simple sea el lugar mejor. Si además queremos ponernos exquisitos, sería conveniente que la habitación no estuviese muy recargada en lo referente a decoración, es decir, que fuese lo más minimalista posible de cara a evitar distracciones, que las paredes tuviesen tonalidades pastel que ayudasen a calmarnos, que hubiese cojines para poder encontrar una postura cómoda de cara a poder ampliar el tiempo de concentración a medida que vayamos mejorando la capacidad de meditar. Puestos a pedir, lo ideal sería que fuera el lugar más tranquilo de la casa, el menos ruidoso, el mejor insonorizado. Pero repito, todo esto no es necesario, con una habitación y unas alfombrillas, toallas o directamente en el suelo, siempre que este no esté frío, nos es más que suficiente.

CUÁNDO

A base de práctica y siempre tomando como referencia mis dos hijos y los comentarios de algunos voluntarios, pude extraer algunas conclusiones sobre los mejores momentos para meditar a lo largo del día y dependiendo del periodo del año en el que nos encontremos. En lo referente a los talleres en casa yo siempre separo el ejercicio de meditar del taller de pensamiento crítico. De modo que los momentos de meditación se supeditan mucho al estado de ánimo y al momento de nervios en el que se encuentran. En verano, por ejemplo, ellos pasan gran parte del día fuera de casa con otros amigos, en la piscina desfogando y socializándose. Estos son los periodos en los que menos practicamos la meditación porque no necesitan relajarse ni tranquilizarse, pero sí es recomendable que al menos dos veces a la semana realicen ejercicios para no perder la capacidad de concentración. En el verano solemos meditar por la noche, cuando ya están preparados para irse a la cama y nos sirve como ejercicio de relajación.

Por el contrario, en verano aumento los talleres de filosofía porque pasamos más tiempo juntos, en ambiente familiar, y tenemos más oportunidades de hablar de cosas algo más transcendentales y con más tiempo, de modo que, sin que ellos lo perciban, les vamos introduciendo temas de conversación que están relacionados con su vida pero que además nos dan la posibilidad de que ellos amplíen su capacidad de análisis. Aprovecho además para conocer un poco mejor sus aficiones, sobre todo en lo referente a las nuevas tecnologías.

Mis hijos, cuando llega el verano, antes de salir al patio a jugar con otros niños o después de terminar sus jornadas de piscina o de deporte, pasan tiempo jugando con las consolas y sobre todo con aplicaciones que se descargan de Internet. Además tienen una afición a ver vídeos de YouTube sobre temas que les interesan o que simplemente les entretienen de modo que a veces les pedimos que los proyecten en la televisión del salón y nos los comenten.

Durante el curso escolar, el tiempo de uso de tecnología se lo tenemos limitado a los fines de semana pero cuando llega el periodo de vacaciones se lo ampliamos. Durante este tiempo apenas prestábamos atención a los juegos o a los vídeos que veían, sobre todo por el ajetreado ritmo de vida que todos tenemos y la falta de tiempo y ganas para analizar estos temas. Pero cuando iban cumpliendo años caímos en la cuenta de que el consumo visual que realizaban lo hacían desde una motivación muy positiva y con altos niveles de atención por lo que comenzamos a preocuparnos por lo que veían. Pero es en el verano cuando aprovechamos para dedicarle más tiempo a que nos explicasen qué es lo que veían, por qué les gustaba, con qué videojuegos pasaban más rato... Este ejercicio estival que realizamos es altamente recomendable para desarrollar talleres de pensamiento crítico de cara a ir sembrando un hábito para el resto del año. En este sentido es muy recomendable que como padres y educadores dediquemos tiempo a analizar qué es lo que ven. Sobre todo por dos motivos: en primer lugar, por un tema de seguridad, es bueno controlar y que ellos sepan que nosotros nos preocupamos por controlar lo que ellos consumen, por conocer aquello que ven en Internet. Como sabemos, no todas las páginas y vídeos son recomendables, de modo que es importante que ellos sepan que estamos atentos a todo aquello que ellos visualicen. Pero en segundo lugar, y este motivo es igual o más importante que el anterior, para estrechar lazos con ellos. Que nuestros hijos sepan que nos preocupamos por ellos es importante, pero si además son testigos de que queremos que ellos compartan con nosotros una parte de sus aficiones entonces habremos ganado puntos en el terreno de la confianza. Una vez que comienza el curso escolar intentamos que la meditación, si es necesaria se convierta en una rutina aunque no siempre lo logramos, pero en lo referente a trabajar el pensamiento crítico es algo que, tras haber estado haciéndolo durante el verano, nos ha resultado más sencillo continuarlo puesto que los momentos elegidos para «forzarles» a pensar críticamente sobre su día a día, eran momentos de rutina como las comidas, las noches de sofá, los viajes en coche al colegio... Pero cada niño y cada familia, como hemos dicho, es un mundo, de modo que es muy importante ir probando al principio diferentes horarios y lugares, y ver la reacción que cada uno tiene.

En lo referente a la meditación, cuando practicamos en casa, lo hacemos en el suelo del despacho, ponemos unas pequeñas colchonetas de goma que compramos en una tienda de deporte, de esas que se enrollan y apenas ocupan espacio y nos sentamos sobre ellas. A continuación recomiendo siempre cerrar la puerta del lugar en el que estamos, es mucho más sencillo para facilitar la concentración. Nos descalzamos y buscamos una postura cómoda. Mi hijo Pedro prefiere tumbarse boca arriba mirando al techo, dice que se ha dado cuenta de que mirar al techo le relaja. Mi hija Elena prefiere estar sentada con las plantas de sus pies mirando la una hacia la otra y la espalda recta. Algunas veces usa un cojín, pero no siempre.

Las sesiones en casa son algo más largas que las que se han practicado en los colegios porque así lo permite la comodidad del hogar. Al comienzo hay que guiarlos a que sepan concentrarse. Los pasos siempre son muy parecidos. Los tranquilizo y les digo que cierren sus ojos y que traten de buscar una postura confortable para sus manos y brazos. Una vez que estamos cómodos les digo que se concentren en su respiración, que traten de escuchar cómo entra el aire por la nariz y cómo sale, sin necesidad de realizar expiraciones exageradas, respirando con normalidad. Durante medio minuto les repito este paso: concentrarse en escuchar solo su respiración. Después dejo otro medio minuto sin hablar y luego les comento, despacio, que intenten no prestarle atención a nada más, que traten de no pensar en otra cosa que no sea su respiración, que olviden los ruidos, que sean capaces de abstraerse de lo que sucede fuera de nuestra sala. Tras dos minutos les vuelvo a recordar la necesidad de volver a concentrarse en la respiración en exclusiva, que abandonen las ideas que les viene en cada momento, que no piensen en otra cosa que no sea respirar.

Las primeras sesiones no son fáciles y menos si eres su padre, pero con el paso del tiempo cada vez es menos necesario recordarles lo que tienen que hacer. En apenas diez días (de ahí que lo ideal es comenzar en verano o Navidad) los resultados en las sesiones se notan de manera muy evidente, son capaces de concentrarse con más facilidad y podemos prolongar la sesión.

Cuando comencé a meditar con mis dos hijos me encontré en las primeras sesiones un problema de madurez entre ambos, la diferencia de edad (dos años y medio) provocaba dificultades de concentración, juegos entre ellos, risas..., de modo que al principio tomé la decisión de practicar los ejercicios de concentración por separado, primero con Elena a solas, y después con Pedro. Una vez que ambos sabían en qué consistía el ejercicio, los puse juntos y noté cómo había mejorado la capacidad de meditar en conjunto, ambos sabían a qué tenían que atenerse y eso facilitaba que nos encontrásemos todos en la misma habitación. Pero como dije antes, Pedro no necesitó apenas sesiones y dejó este ejercicio a un lado.

El taller de pensamiento crítico viene después, pero en mi caso, como soy docente, padre y me dedico a la filosofía, no tenía necesidad de preparar nada. Si tengo un tema en mente para hablar con ellos, por ejemplo «el valor de la amistad» lo postergo para cuando estemos reunidos en familia cenando, desayunando, sentados en el salón..., y aprovecho, sin que ellos se den cuenta, para preguntarles por sus amigos. Incluso en esos momentos tengo que imponer un turno de palabra porque ambos se enfadan si el otro se entremete en la conversación, de modo que es un ejercicio muy bueno para que también aprendan a escuchar.

Estos ejercicios en casa de talleres de pensamiento crítico siempre los hacemos sin especificar nada, simplemente tratamos que se hagan de un modo totalmente natural. Cuando les pregunto por sus amigos, me contestan muchas cosas y aprovecho sus respuestas para que ellos profundicen en el tema de la amistad, además intento que, poco a poco, ellos también se acostumbren a preguntar, que las cuestiones sean recíprocas de cara a potenciar esa curiosidad de la que hemos hablado. En el tema de la amistad, por ejemplo, la idea es que ellos sean capaces de alcanzar por sí mismos un buen criterio para seleccionar sus amistades. Muchas veces los temas salen por sí solos, no necesito llevar preparado nada a la mesa, ellos traen sus problemas a casa y aprovechamos para pensar en lo que les está sucediendo. Con el paso del tiempo, hemos logrado tener el hábito de contarnos con frecuencia lo que nos ha sucedido a lo largo de la jornada. Es un hábito altamente recomendable porque a ellos les ayudamos a ordenar sus días y a pensar en cosas que, si no les preguntásemos, les pasarían desapercibidas. Cuando vienen enfadados por las tareas que les han mandado en el cole aprovechamos para hablar sobre la necesidad de hacer tareas, sobre la importancia de repasar lo aprendido, sobre la utilidad de las cosas que aprenden en el colegio, sobre el estudio... Cuando hablan del enfado de algún maestro, aprovechamos para analizar por qué se enfada el maestro e intentamos que ellos entiendan la diferencia entre sentirse enfadado y sentirse decepcionado, por ejemplo. Cuando no quieren realizar algún trabajo, aprovechamos para hablar del deber, les pregunto: ¿qué pasaría si nosotros, como padres, no cumpliésemos con nuestras obligaciones, o los maestros, o la policía...? Y les exigimos que sus respuestas sean lo más detalladas posible. Como se ve, la cosa es sencilla, se comienza por elementos simples y accesibles para todos.

MEDITAR EN CLASE

Meditar en clase es más complicado. Existen varias maneras de distribuir el espacio para llevar a cabo un pequeño taller de diez minutos en clase, pero lo más sensato es que cada maestro use el criterio que mejor crea que le va a su grupo, nadie mejor que ellos es capaz de saber cómo reaccionarán los niños de su clase ante una determinada colocación en función del ejercicio que queremos hacer. Pero como la intención era usar la meditación como elemento preparatorio para los ejercicios de pensamiento crítico decidimos dar apenas un minuto de meditación, de relax o de desconexión (como ustedes prefieran). Puestos a buscar un ideal el mejor es ponerlos en círculo y sentarse con ellos, de manera que todos nos veamos las caras pero como soy docente, sé muy bien que puede suponer un problema mover sillas, mesas, el cachondeo y la pérdida de atención que se provoca con el jaleo, de modo que esta sugerencia, la de poner al grupo en círculo, la dejo como la metodología ideal, pero no es la única, existen otras que también dan buen resultado, como dejarlos a cada uno en su sitio.

Después de varios talleres con algunos niños en clase nos dimos cuenta de que muchos son especialmente intranquilos y se suelen distraer con las cosas que tienen a su alrededor, de manera que les pedíamos que dejasen la mesa limpia de objetos pequeños, sobre todo lápices, gomas, sacapuntas…

Las primeras reacciones al comienzo del ejercicio siempre son de risas, es normal, sobre todo porque se sienten un poco «violentos» fuera de contexto, incluido yo mismo me sentía violento, de modo que hay que dejar que afloren los nervios iniciales en forma de risa, no hay que reñir en exceso, ni someterlos a situaciones que los predispongan a la negatividad.

En las clases más nerviosas siempre llevaba preparada una pieza de música tranquila para captar su atención inicial. Les decía que quería que prestaran mucha atención a lo que iban a escuchar y que trataran, en su cabeza, de relajarse con lo que iba a sonar. La idea es solo que se quedaran atentos y tranquilos. Tratar de focalizar su atención hacia algo que sea lo más etéreo posible, algo que no tenga detalles, algo que sea agradable y placentero como una pieza bonita de música clásica. En mi caso suelo usar *Claro de luna* de Debussy.

REGLAS PARA LA REALIZACIÓN DE LOS TALLERES

Antes de comenzar cualquier taller de pensamiento crítico es importante que los participantes tengan en cuenta algunas reglas esenciales de cara a poder sacarle el máximo provecho. Las siguientes reglas son leídas y explicadas, si es necesario, al comienzo de cada taller para que el devenir del mismo sea fluido.

Normas: (clase y casa)

1. No se grita. (Hay que mantener un tono de voz medio que facilite la intervención sin necesidad de gritar. No por gritar o hablar más alto se tiene más razón).
2. No te muevas de tu sitio. (Hay que intentar mantener una postura corporal lo más correcta posible y no levantarse del asiento). Si estamos en el hogar es preferible buscar un sitio cómodo que facilite la visión entre los que participemos.
3. Respeta el turno de palabra (no interrumpas al compañero cuando está hablando, si quieres intervenir levanta la mano). En casa a veces relajamos esta norma y no dejamos terminar al otro, malacostumbrando a nuestros hijos e incluso a nosotros a gritar y a dejar al otro con la palabra en la boca, pero no es un ejercicio sano para que ellos aprendan a escuchar atentamente lo que otras personas quieren decir, de modo que en

casa tendremos que estar especialmente atentos a que eso se cumpla en cualquier circunstancia.

4. Presta mucha atención a lo que los compañeros/familiares dicen. (No se trata de pensar solo en lo que tú quieres decir, eso es una parte importante, pero otra parte importante es también estar atento a las ideas de los otros, de hecho, en el siguiente paso, pediremos que usen esa atención hacia el otro como inicio de la suya).

5. Intenta comenzar tu intervención apoyándote en la intervención anterior. De este modo siempre podemos comenzar mostrándonos a favor o en contra de lo que el compañero ha dicho y explicándonos. A continuación realizaremos nuestra aportación al debate o a la pregunta. De manera lateral también estaremos ayudando a que trabajen la atención

6. Prohibido ridiculizar o menospreciar la opinión de los otros compañeros, familiares o amigos. No todos tenemos la misma capacidad para comprender los asuntos que se plantean y no todos tenemos que compartir los mismos puntos de vista sobre los temas que tratamos.

7. Cuando creemos que alguien ha aportado una idea que nos parece muy relevante o buena para el debate es siempre importante que se lo hagamos saber. Este detalle es especialmente significativo si queremos que nuestros hijos/alumnos aprendan no solo a apreciar las aportaciones de los demás sino también que sean capaces de reconocérselo. Es fundamental que sean agradecidos y que además sean capaces de reconocer y expresarles a los compañeros la admiración por las respuestas que han dado.

METODOLOGÍA PARA LA CASA Y EL AULA

Toda la metodología que aquí se presenta se ha trabajado durante un curso escolar tanto en clase como en casa. Teniendo en cuenta esto hemos decidido explicar en qué consiste cada paso partiendo de su aplicación en el aula, pero, a continuación, a cada apartado le añadiremos un anexo sobre cómo se han ido adaptando dicha metodología a los hogares. Todas las actividades han tenido una serie de ítems que se han ido evaluando desde el inicio para ver si realmente había progreso. Estos ítems son valorados desde el conocimiento y la perspectiva subjetiva de los docentes y progenitores que han trabajado cada uno de ellos. Al final del curso, al recoger todas las valoraciones y hablar con algunos de los participantes pudimos observar una gran mejora entre las hojas de evaluación iniciales y las finales, pero tengo que advertir de antemano que no es un proceso instantáneo y, si me apuran, tampoco es un proceso rápido. Aprender a pensar bien, mantener el asombro, la curiosidad y el cuestionamiento como una actitud vital que sean capaces de interiorizar sin apenas esfuerzo, es un trabajo a largo plazo. Los resultados no son inmediatos ni rápidamente cuantificables. Para que el objetivo de este libro se lleve a cabo es necesario tiempo y perseverancia. Algunos docentes lograron implementarlos en sus rutinas y las valoraciones de este progreso se empezaron a ver a partir del tercer mes. Otros realizaron el trabajo de manera menos sistemática y los resultados tardaron en llegar una media de dos meses más.

En casa, las familias que tuvieron en cuenta los factores que a lo largo de libro hemos comentado consiguieron, no sin esfuerzo, implementar en sus rutinas análisis críticos a lo largo de diferentes momentos del día con resultados más inmediatos que los que se alcanzaron en las aulas. Y esto es comprensible porque si como padres tenemos activada la alerta de pensamiento crítico, con nuestros hijos podremos trabajarlo a lo largo del día en diferentes momentos. De ahí que en el ámbito familiar, si tenemos la determinación de llevarlo cabo de manera constante, lo mejor es asimilar ciertas rutinas de pensamiento dentro de la cotidianeidad.

1. Preparación

La preparación de la sesión sobre meditación y pensamiento crítico comenzará cuando la maestra/o lo considere oportuno. Creemos que hacia el final de la jornada escolar sería un buen momento. Si lo hacemos cuando queden treinta o cuarenta y cinco minutos para salir, podríamos comenzar pidiendo a los alumnos que recojan todas sus cosas y las guarden en la cartera de modo que cuando suene el timbre estén todos preparados para irse. Al tener todas las cosas guardadas no queda ningún elemento encima de la mesa que pueda distraerlos de la actividad. Si insertamos el hábito al final de la jornada escolar, al recoger todas las cosas y guardarlas en la mochila, lograremos crear la sensación de que las clases, los contenidos curriculares, ya han terminado y la predisposición de los alumnos será mayor porque mentalmente tendrán una actitud más relajada.

Otro momento que podría ser apropiado es antes de salir del recreo, cuando la primera parte de la mañana toca a su fin y están más cansados. O también justo al volver del recreo, de cara a relajarlos y facilitar su concentración.

En el hogar: En casa, por el contrario, cualquier momento es genial para que ellos aprendan a desconectar de todo un poco, de la televisión, de la videoconsola, del móvil... Aparte del despacho donde realizamos gran parte de las sesiones de meditación uno de los lugares más propicios para una sesión de conexión que encontramos fue el salón de casa, con la televisión apagada y sentados o relajados en el sofá. En algunos casos aprovechamos que nos acabamos de sentar para que, antes de encender la televisión, por ejemplo, nos relajemos durante un minuto sin hacer absolutamente nada. Pero el lugar que más aceptación parece haber tenido (para ellos) para realizar sesiones de desconexión es el coche. Entrar en el coche y no permitir que haya radio, ni móviles, ni *tablets*..., sino tranquilidad mientras viajamos, paz, recogimiento durante un rato, observación por la ventanilla sin más. Una tranquilidad que terminaba dando paso a conversaciones de acercamiento. Todos los que hemos puesto en marcha estas sesiones durante los trayectos en coche hemos notado que se creaba un microambiente de serenidad donde el silencio y la mera contemplación facilitaban un relajamiento mental muy confortable para todos los ocupantes.

SESIÓN DE MICROMEDITACIÓN

La idea de este tiempo (un minuto, treinta segundos, cinco minutos...) es desconectar mentalmente con todo lo que estaban haciendo. Los alumnos, sentados en sus sitios (si bien la distribución es al gusto de cada docente), y con todo el material fuera de su alcance, procederán a efectuar un minuto (el tiempo lo determinará la maestra/o) de meditación-concentración. La idea de fondo es preparar la mente para realizar los ejercicios de atención y concentración que después se realizarán. El propósito principal es evitar el máximo número de distracciones posibles.

1. Colocación de la clase

La ubicación de los pupitres se deja al gusto de la maestra/o pero recomendamos que cada alumno siga sentado en su sitio, si bien se puede optar por hacer un corro. En el caso de tener alumnos/a que puedan ser más disruptivos o con más problemas de concentración, a la hora de comenzar el ejercicio de meditación recomendamos que se coloquen en los pupitres del final o del principio del aula antes de realizar la sesión de meditación, de cara a evitarles el mayor número posible de distracciones. La idea es que solo puedan ver la espalda de los otros o la pizarra.

Respecto a la postura, existen dos opciones:

a) Las manos encima de la mesa, ambas separadas, la cabeza mirando al frente, la espalda, a ser posible, recta y los ojos cerrados.
b) Sobre todo para los más pequeños, también puede valer recostarse sobre el pupitre con los ojos cerrados y descansar. La maestra/o dirigirá el minuto (o el tiempo que estime) de meditación y lo único que tiene que hacer es pedirles que cierren los ojos e intenten escuchar su respiración. Que se concentren en oírse respirar por la nariz, que intenten no pensar en nada. Hay que lograr que se haga el silencio en clase.

Si tenemos dificultades para conseguirlo siempre podemos usar música ambiente relajante para lograr el silencio.

En cualquier caso, la duración de la sesión será determinada por la maestra.

En el hogar: La duración de las sesiones de meditación, si se hacen *ex professo*, suelen ser más largas. En mi caso, como ya dije, las trabajaba especialmente con mi hija cuando era pequeña porque se distraía bastante en clase y las hacíamos en el despacho que tengo en casa, sentados sobre alfombrillas, sin distracciones. Comenzaron durando cinco minutos y llegaron hasta quince. Pero como cada niña es un mundo, cada familia es particular y cada uno de nosotros es un caso único, recomiendo que en casa vayamos probando lugares distintos y horas distintas para ponerlo en práctica. Como ya comenté anteriormente con mi hijo apenas se hicieron necesarias las sesiones puesto que era capaz de comenzar los ejercicios de pensamiento crítico sin necesidad de preparación previa, además en su caso, prefería tumbarse mirando al techo y adoptar una postura tumbada de relax. Pero como es obvio, cada uno tendrá que ver lo que más le conviene para sus hijos y adaptar el método.

Observaciones: Tras varias sesiones en los colegios algunos profesores decidieron que este paso no era del todo necesario puesto que los alumnos empezaron a mostrar una total predisposición para empezar la actividad, por lo que, nada más advertirles que se iba a empezar a trabajar, ellos mismos recogían las cosas del pupitre y se quedaban sentados, tranquilos, a la espera de que la actividad diera comienzo. Repito, la idea de este tiempo inicial tiene dos pretensiones: por un lado se intenta que los alumnos desconecten de su habitual rutina dejando la mente y el cuerpo lo más relajados posible. Por otra parte se intenta eliminar todos los elementos disruptivos que pudieran ser susceptibles de llamar su atención y que no estén relacionados con lo que se realizará a continuación, es decir, se trata de eliminar distracciones.

SESIÓN DE PENSAMIENTO CRÍTICO

Una vez acaba la sesión de micromeditación comenzamos con la de pensamiento crítico.

1. Colocación de la clase

En lo referente a la distribución de la clase lo aconsejable es no tener que moverlos del sitio, sobre todo si han realizado ya la meditación cada uno desde su pupitre. Existe la posibilidad de ponerlos en corro, pero es más engorroso. En cualquier caso, la maestra/o será la encargada de decidir.

2. Metodología

Existen varias técnicas que tendremos que ir alternando en cada sesión que realicemos de cara a trabajar distintos elementos del pensamiento crítico.

2.1. Fotografía-imagen (estática)

Se les muestra una fotografía o imagen estática (en la pizarra digital, con el proyector, impresa en papel...) donde aparezcan diferentes elementos, se les deja un minuto (o el tiempo que pueda estimarse oportuno) para observarla y se les pide que realicen preguntas. Se apuntan las preguntas, (entre seis y ocho, no más). Se votan y se eligen entre dos y cuatro que consideren que son las más importantes y se abre el debate para contestarlas. Finalmente es interesante que a modo de conclusión se escriban dos o tres ideas a las que ellos hayan llegado para cerrar la actividad. (Las fotografías o imágenes que se pusieron eran de lo más variopintas, desde personas celebrando un gol, otros recibiendo una medalla, fotos de animales en zoológicos, fotos de cementerios, personas ondeando banderas...).

Observaciones: Esta sesión es el pilar fundamental de los ejercicios de pensamiento crítico. En ella se trabaja el que quizá sea el elemento más poderoso a la hora de influir en la concepción del mundo que nuestros alumnos e hijos se irán formando: la imagen. En este caso es una imagen estática que se puede obtener de cualquier lugar (incluso de Instagram, que es la red que tiene mayor influencia en ellos), pero es válida para cualquier otra imagen.

En esta sesión se ponen las bases del pensamiento crítico y de la metodología que hemos creado. Por un lado el alumno trabaja la atención en silencio por medio de la observación de la imagen estática. Esto anima a que la curiosidad (otro de los elementos clave de la protofilosofía) se acreciente de manera directa. Además tienen que pensar en realizar preguntas potenciando así la fase de cuestionamiento. Por medio de la votación, el alumno entra en un proceso de aceptación del sistema de elección, usando el proceso democrático como el mejor sistema de elección a la hora de seleccionar qué preguntas cree que son más interesantes de responder. Y por último entrará a participar en el debate sobre las respuestas a estas preguntas que se han realizado, pero a ser posible teniendo en cuenta las respuestas que sus compañeros han ofrecido.

He de decir que este fue uno de los ejercicios que más realizamos a lo largo de las sesiones, sobre todo porque pretendíamos asentar esta metodología lo mejor posible de cara a observar la evolución en torno a todos los elementos que componen este protopensamiento: la atención, la observación, el cuestionamiento, la puesta en práctica de un criterio para la selección de las preguntas más interesantes, el respeto a los otros compañeros y al proceso democrático de votación para elegir las preguntas, la capacidad de síntesis a la hora de llegar a unas conclusiones...

Pero descubrimos algunos elementos a tener en cuenta durante el transcurso de las mismas. Por ejemplo, algunos docentes decidieron que los alumnos tuviesen papel y bolígrafo encima de la mesa para escribir la pregunta (o preguntas) que se les ocurriese pero sin escribir su nombre. Después el profesor recogía los papeles y apuntaba estas preguntas sin decir a quién pertenecían, de este modo se eliminaron muchos prejuicios a la hora de que los alumnos, sobre todo los más pequeños, votasen por las preguntas de sus amigos indistintamente de si consideraban que eran más interesantes o no. El problema que detectaron en la clase a la hora de votar qué preguntas querían que se contestasen era que se dejaban influir mucho por la persona que había realizado la pregunta, es decir, el prejuicio que tenían sobre el compañero o la compañera que había realizado la pregunta pesaba mucho a la hora de votación. De manera que durante los primeros ejercicios observamos que las preguntas que se votaban no eran las más interesantes sino las de aquellos que tenían más popularidad o aceptación en sus grupos. Pero desde el momento en el que escribieron las preguntas de forma anónima, la imparcialidad empezó a cobrar peso.

En el hogar: En casa tenemos que realizar una variante de esta opción porque al no tener un grupo de iguales es más complicado el tema de la selección y votación de preguntas. Por eso lo que hicimos fue trabajar con ellos la imagen dinámica a través de la televisión y de YouTube, que es donde la mayoría de nuestros hijos pasan gran parte de su tiempo de ocio. Pedirles que nos expliquen en qué consisten las series de televisión que consumen, que sean capaces de identificar qué elementos les resultan curiosos, cuáles les sorprenden y sobre todo por qué les sorprenden, si son capaces de prever lo que va a suceder con antelación a que se pongan a consumir estos contenidos visuales... A esto le sumamos la fase del cuestionamiento que consiste en pedirles que elaboren algunas preguntas en torno a los temas que estamos analizando. En algunos casos como el mío propio, les pido siempre que me cuenten qué hacen sus *youtubers* favoritos y cuáles detestan, y por qué les gustan esos y cuál es el motivo (o los motivos) por el que aborrecen a los otros. Es necesario provocar en ellos una reflexión que les obligue a analizar sus modelos de consumo visual de cara a que se vayan conocimiento mejor, tanto a sí mismos como a los objetos de su consumo.

En el caso de la imagen estática hemos utilizado distintos modelos a seguir, desde fotografías ganadoras de Pullizers, hasta imágenes de Internet libres de derechos de autor siempre buscando escenas o imágenes sugerentes que ayudasen a abrir el análisis. En el caso de alumnos o hijos más creciditos también hemos usado Instagram para trabajar en casa, que es la red social que más usan y que más los condiciona. Tras seleccionar a varios *influencers* muy populares, les pedimos que hicieran un análisis de todas esas fotos que colgaban y nos contarán, después de un rato de visualización, qué conclusiones podrían obtener tras ver esas fotos. Les preguntábamos si al ver las fotos creían que conocían mejor a estos *influencers* o si las fotos que publicaban les aportaba algo significativo a ellos. Pero les insistíamos en que intentaran descubrir si esas fotos eran realistas o más bien pretendían aparentar realidad. Poco a poco fuimos logrando que se diesen cuenta de que el consumo de este tipo de imágenes virtualizadas puede ser dañino para ellos si no se dan cuenta de que son fotografías retocadas y que los momentos que suelen colgarse no tienen que corresponderse con la realidad auténtica sino que también pueden formar parte de una realidad simulada.

Los resultados de este ejercicio a medio plazo han sido unos de los más satisfactorios de todo el proceso sobre todo porque se iban dando cuenta de que detrás de cada foto había mucho trabajo de edición, muchos filtros, mucha impostura... Con análisis crítico y constancia los mitos de los *influencers* se han ido desmontando no sin esfuerzo. Pero hemos observado que, tras el uso de este trabajo constante en el hogar, los hijos que lograban poco a poco interiorizar los interrogantes sobre la veracidad y realismo de las imágenes que consumían, se convertían en personas críticas cuando dialogaban con sus compañeros de clase. Algunas familias comentaban que tras un tiempo, cuando sus hijos iban de cumpleaños con otros amigos mientras los padres se encontraban, algunos sacaban la conversación sobre estos ejercicios porque sus hijos eran interpelados por los niños a no creerse todo lo que se veían en la tele, en las redes sociales, en YouTube..., y servía de estímulo para seguir trabajando.

2.2. Anuncio publicitario (imagen dinámica)

Se les proyecta un anuncio publicitario si bien algunos docentes han preferido proyectar cortometrajes de no más de tres minutos de duración. Para este ejercicio nosotros seleccionamos varios anuncios que estaban en Internet y que comentamos al final. La primera vez simplemente se les pide que estén atentos sin más, pero antes de la segunda visualización se les avisa de que, una vez terminada la misma, tendrán que realizar preguntas sobre lo que han visto (la duración del anuncio es indiferente) y, acto seguido, se votarán las preguntas que resulten más interesantes y se seleccionan las preguntas (entre dos y cuatro) que ellos consideren las más importantes para comenzar el debate.

Observaciones: En este caso lo que se trabaja es la imagen dinámica pero el proceso es exactamente igual que el anterior. Muchos docentes optaron por emplear el modelo de anonimato para la elaboración de las preguntas de cara a la votación de las mismas. La gran mayoría de los anuncios (comerciales) se obtuvieron de YouTube donde muchas campañas de publicidad se permiten el lujo de poder ampliar el tiempo de duración creando verdaderas microhistorias que han resultado ser muy útiles para trabajar los elementos de pensamiento crítico con los que estamos intentando familiarizarlos.

En el hogar: En casa este trabajo es distinto porque por lo general los anuncios se proyectan uno detrás de otro de modo que, llegado el momento, lo que hicimos fue centrarnos en anuncios que estuviesen dirigidos a ellos, focalizados por ejemplo en las campañas de Navidad de cara a que analizaran si creían que lo que anunciaba, tanto el producto como el modelo de juego, se correspondía a lo que después era real. Cuando son pequeños no tienen la capacidad de distinguir el montaje que se realiza en torno a los anuncios ni tampoco la letra pequeña que de manera casi inadvertida suele pasar a toda velocidad por la parte inferior de la pantalla. Pero cuando nos detuvimos a leer con ellos algunos de esos mensajes descubrieron que gran parte de las condiciones en las que se rodaba el anuncio eran irreales y que casi todo lo que aparecía como complementario al juguete no formaba parte de la caja. Poco a poco intentamos que la influencia de las historias de las pantallas a las que se exponían fuesen analizadas con un poco de aparato crítico.

2.3. Arte

Mostrar obras de arte: pueden ser sobre pintura, arquitectura (imágenes de construcciones clásicas, ciudades modernas con rascacielos..., o audiciones musicales como pop, clásica, rock, cantautor, BSO... Acto seguido le pedimos que realicen preguntas. Seleccionamos las más importantes y comenzamos a debatir.

Observaciones: En este apartado tuvimos que ayudarles un poco para que conocieran algo sobre las técnicas que se usaban, pero de manera muy sencilla. Les pedimos previamente que se fijasen en la organización estructural de la obra de arte (cómo están repartidas la figuras, qué postura tienen, qué colores usan, qué temas tratan...), es decir, encontramos la dificultad de que al no tener apenas rudimentos que les facilitase la compresión de las obras de arte era algo más complicado. Pero sin embargo encontramos un refuerzo muy positivo en lo que respecta a la música. Algunos docentes eligieron canciones de su entorno, las más familiares para ellos, que se escucharon dos veces, la primera simplemente pidiendo que prestasen atención y la segunda encaminada a que pensaran las preguntas.

En el hogar: De todos los formatos que aquí se presentaban el que dio mejor resultado fue, como era de esperar, la música. Nos dimos cuenta de que las letras de las canciones eran una gran fuente no solo de inspiración sino también de análisis a la hora de que ellos tuvieran que hacer algo más que cantarlas. Por suerte encontramos que en la actualidad muchas de las letras son bastante reivindicativas y ellos fueron capaces de ir entendiendo los mensajes que estas exponían. En el fondo se trataba de que cualquier cosa que pudiesen consumir en su cotidianidad se viese contaminada con una pizca de perspectiva crítica y en algunos casos, los propios niños fueron detectando mensajes dañinos, inapropiados o incorrectos en canciones de moda, sobre todo cuando se trataba de reguetón.

2.4. Opción plastilina-lego

a) Se les entrega a los niños plastilina o cajas con piezas muy distintas de lego y se les pide que construyan algo referido con algún tema de nuestro interés (ver lista de temáticas). Se les da unos minutos. Después tienen que explicar a sus compañeros qué es lo que han intentado representar.
b) Se realiza todo igual que en la «opción a» pero una vez que acaban de hacer sus figuras, se las pasan al compañero para que este interprete lo que creen que cada cosa significa.

Observaciones: Esta actividad supone trabajar la creatividad y la imaginación por igual. Pero junto a esto la faceta más importante es la de la explicación. Al darles una lista de temas genéricos ellos tienen que construir con sus manos algo que simbolice y represente el tema seleccionado. Una vez hecho tienen que explicar a los demás en qué consiste su creación y por qué han elegido realizar algo así, de manera que deberán trabajar la expresión oral que, como vimos a lo largo del libro, está generando muchos problemas a la hora de ordenar los pensamientos. Pero si optamos por la «opción b», el tema de la imaginación se potencia desde el momento en el que los compañeros tendrán que interpretar, crear una teoría, aportar una explicación sobre lo que ellos creen que sus compañeros han realizado con los legos o la plastilina.

En ambas modalidades se les otorga la libertad plena de creatividad dando opción a que cada uno desarrolle como vea oportuno su mensaje.

En el hogar: En casa, esta es una de las actividades más sencillas de realizar puesto que el tema está predispuesto de antemano. Es aconsejable que lo hagamos en familia, sobre todo porque así lograremos que se tomen algo más en serio esta actividad, pero también se puede trabajar individualmente.

2.5. Opción textos o temas

Método Lipman de filosofía para niños: Se lee un texto corto, el que sea, elegido por la maestra y se les pide que realicen preguntas (de cinco a ocho) sobre el texto. Se apuntan en la pizarra y se votan las que crean más relevantes (entre dos y cuatro). A continuación, comienza el debate.

En la opción de «temas» podemos echar mano a los temas que proponemos al final del libro y que pueden ayudar a comenzar los debates pero en este caso la metodología cambia un poco. En los temas se realiza inicialmente una pregunta genérica por parte del docente/padre y los alumnos contestan pero para evitar esa necesidad de ser el primero en contestar que muchos tienen en lugar de reflexionar sobre lo que se dice, empezamos a obligarles a estar en silencio pensando en la respuesta, durante un minuto.

EL MINUTO DE REFLEXIÓN

Si elegimos usar las fichas que exponemos al final usando los temas, es importante que, cuando realicemos la pregunta, les dejemos uno o dos minutos para que ordenen antes sus pensamientos, si bien el tiempo puede modificarse. En los primeros talleres que realicé me di cuenta de que justo al terminar la pregunta, de un modo casi inmediato, ya había algunos niños que levantaban la mano para contestar. De primeras me sorprendía la rapidez de pensamiento, después me di cuenta de que no era tanto la rapidez de pensamiento sino más bien el interés por hablar, por ser el protagonista, por participar independientemente de la pregunta que se realizaba. Muchas de estas primeras intervenciones inmediatas no estaban suficientemente analizadas, no tenían la calidad de pensamiento acorde con la capacidad de pensar que poseían los niños. De modo que con las primeras respuestas casi inmediatas a la cuestión no siempre podíamos avanzar tal y como me hubiese gustado. Tras algunas sesiones observando este hecho decidí no permitir levantar la mano hasta pasado un minuto. Les explicaba que tenían que dedicar un tiempo a pensar en su respuesta, que era muy importante ordenar lo que querían decir, deliberar cómo lo querían decir, ensayar cada uno para sí mismo, pero sobre todo me interesaba que estuvieran concentrados y con la atención fijada a ser posible en un solo tema.

La idea es que ellos se tomen un tiempo para pensar antes de hablar. Estamos acostumbrados a hablar sin pensar, nos educan en responder lo más rápido posible para destacar en la respuesta. Algunos de los niños que al realizar la pregunta levantaban la mano mostraban pequeños niveles de ansiedad por ser los primeros en responder, y no les importaba tanto el hecho de que su respuesta fuera más o menos acertada. Es como si estuvieran interiorizando la necesidad de ser los primeros por encima de cualquier otra cosa. De modo que hay que explicarles que el turno de palabra no dependerá de quién levante antes la mano, sino que será el profesor el que dará la palabra como crea más oportuno. El minuto de pensamiento se hace con la intención de darles tiempo a organizar sus ideas y también para que no se preocupen en ser los primeros en responder. Cuando puse en marcha este método del minuto de reflexión descubrí con gran alegría que el número de manos que se levantaban tras darles un minuto de meditación era muy superior al que había si dejaba que contestaran de manera inmediata. No todos los niños tienen la misma capacidad para ordenar sus ideas y buscar las palabras adecuadas para expresarlas. Es decir, usando términos informáticos, la velocidad para procesar los datos no es igual entre ellos de modo que este minuto nos facilitaba que todos pudiesen reflexionar sin sentir la presión de que alguien iba a contestar antes que ellos y por lo tanto los desanimara a pensar por sí solos. Si no guardamos este tiempo de reflexión muchos niños con menos velocidad de procesamiento o más inmadurez ni siquiera se preocupan por realizar el ejercicio de pensar porque saben o son testigos de que otros niños contestarán rápidamente y por lo tanto su pensamiento pierde interés en buscar una respuesta. Si a este paso le sumamos que en muchos talleres decidimos que después de un par de minutos observando y pensado, en lugar de levantar la mano tenían que escribir la pregunta en un papel, entonces logramos que todos se implicaran en este proceso puesto que el anonimato del papel favorecía la participación. Pero este minuto de reflexión ha provocado que el interés por participar, una vez que casi todos han sido capaces de buscar una respuesta para la pregunta, sea muy alto. No podemos perder de vista que uno de los principales objetivos de los talleres de filosofía y de pensamiento crítico es, precisamente, que los niños aprendan a pensar, a ser posible, la mayoría de ellos. Para eso tenemos que darles tiempo para que cada uno sea capaz de articular una respuesta a los problemas que les presentamos.

TEMAS Y PREGUNTAS PARA LOS TALLERES

Algunas cuestiones filosóficas dan pie a reflexionar sobre sus contrarios, en el caso de los talleres puede ser de gran utilidad para completar la reflexión sobre el tema que estemos tratando de hacerlo con su contrario. Sobre todo para lograr la visión de conjunto y para que nuestros alumnos sean capaces de comprender mejor una macrovisión de la problemática.

A continuación, se proponen una serie de fichas para el fomento del pensamiento crítico:

- Ficha 1: Lo bueno.
- Ficha 2: Lo malo.
- Ficha 3: La felicidad.
- Ficha 4: La tristeza.
- Ficha 5: La belleza.
- Ficha 6: La fealdad.
- Ficha 7: El éxito.
- Ficha 8: El fracaso.
- Ficha 9: El amor.
- Ficha 10: El odio.
- Ficha 11: El tiempo.
- Ficha 12: La obediencia.
- Ficha 13: El deseo.

FICHA 1: LO BUENO

¿Cuándo decimos que algo es bueno?

Dejamos un minuto de reflexión interna para organizar las ideas.

Intención: Que los niños aprendan a respetar los gustos y criterios de otras personas incluso cuando no los compartan. Que sean capaces de alcanzar por sí mismos una visión plural y entender que sus criterios sobre lo que a ellos les parece bueno o malo puede ser discutido por otras personas.

Preguntas de apoyo: Las preguntas de apoyo solo deben utilizarse cuando exista un parón en la discusión o se haya caído en un círculo vicioso que no conduzca a progresar sobre la cuestión. En la gran mayoría de los casos son los propios niños los que sacan estas preguntas a colación o las contestan de manera explícita sin necesidad de formularlas, pero en el caso de que esto no suceda, estas preguntas de apoyo sirven para progresar en el tema que se expone.

Preguntas de apoyo para el animador (maestra/o, profesor/a, padre/madre...): ¿Por qué nos gusta? ¿Por qué a mucha gente le gusta? Y si no te gusta, ¿significa que es malo? Y si a mucha gente no le gusta, ¿es malo? ¿Nos puede gustar algo que sea malo o que esté mal? Ojo, aquí introducimos el concepto de «acción» (hacer algo mal). ¿Las cosas y acciones son buenas por el resultado o por la intención con la que se hacen?

FICHA 2: LO MALO

¿El mal se aprende o todos nacemos sabiendo hacer el mal?

Minuto de reflexión.

Intención: El objetivo es que aprendan a conocerse un poco más a sí mismos haciendo análisis sobre los comportamientos dañinos que puedan tener. Deberíamos resaltar el proceso de aprendizaje del mal por imitación y si el taller se hace bien, lo ideal es que alcancen a deducir que la intencionalidad de una acción es muy importante a la hora de evaluar si somos malos o si simplemente no hemos sabido medir las consecuencias de los actos, es decir, sería interesante que recalcasen que el resultado de una acción, en el caso de que sea negativo o malo, no siempre implica que la intención de esa acción haya sido mala, puede que en algunas ocasiones sencillamente se haya sido poco precavido o analítico a la hora de pensar en las consecuencias negativas de un acto.

Preguntas de apoyo: ¿Cuándo decimos que una persona es mala? Si hacemos daño sin querer a un amigo, ¿podemos decir que hemos sido malos? ¿Qué es más importante lo que hacemos o la intención que ponemos al hacer algo?

FICHA 3: LA FELICIDAD

Si tuvierais que elegir la cosa que más felicidad os produce, ¿cuál sería?

Minuto de reflexión.

Intención: Que los niños aprendan a darle el justo valor a cada cosa que les rodea. Que sean ellos mismos los que caigan en la cuenta de la importancia de las cosas, personas y circunstancias que les rodean y que sepan ponderar el nivel de satisfacción y felicidad que cada cosa les proporciona.

Preguntas de apoyo: ¿Depende la felicidad solo de nosotros? ¿Todo lo que nos hace felices es bueno? ¿Puede haber algo que no sea bueno y nos haga felices? ¿Estar contento y ser feliz es lo mismo? ¿Hay alguna relación entre la felicidad y el deseo? ¿Somos felices si cumplimos todos nuestros deseos o la felicidad está en desear pocas cosas? ¿Se puede ser feliz estando solo? ¿Existen distintos niveles de felicidad? Por ejemplo, que te regalen una bicicleta o que nazca tu hermanita.

¡Cuidado! No deben confundir la felicidad con el placer o con estar contentos.

FICHA 4: LA TRISTEZA

¿Se puede eliminar la tristeza de nuestras vidas?

Minuto de reflexión.

Intención: La idea es que alcancen un conocimiento personal de lo que es la tristeza y lo sepan valorar en su justa medida. Habría que intentar que concluyesen que la vida, de manera inevitable, tendrá momentos tristes, pero que eso no significa que la vida sea triste. Es importante que sepan valorar, a través de la tristeza, el lado bueno de la vida como elemento complementario de la misma.

Preguntas de apoyo: ¿La tristeza se aprende o es algo inevitable? ¿Qué significa estar triste? ¿No estar feliz es lo mismo que estar tristes? ¿Estar triste o no depende de nosotros? ¿Puede haber cosas buenas que nos provoquen tristeza? ¿Qué pasaría si no existiese la tristeza?

FICHA 5: LA BELLEZA

¿Qué es la belleza?

Minuto de reflexión.

Intención: La idea es que los niños lleguen a aclararse entre sí, conocer qué es la belleza en relación al contexto en el que viven y, lo que es más relevante, qué importancia tiene la belleza en la vida. La idea es que sepan valorar en su justa medida el valor real de la belleza y logren distinguirlo de los estereotipos de belleza que se intentan imponer en los medios de comunicación.

Preguntas de apoyo: ¿Todo el mundo está de acuerdo en qué es la belleza? ¿Puede no gustarnos algo que sea bello? ¿Es importante ser bello o guapo? ¿Qué queremos decir cuando decimos que una cosa o persona es bonita? ¿Por qué nos parecen que son mejores las cosas bellas que las que no lo son? ¿Las personas nacen bellas o pueden hacerse bellas con el paso de los años? ¿Cuál es más importante, la belleza interior o la belleza exterior? ¿Cuándo decimos que algo o alguien es bello/a?

FICHA 6: LA FEALDAD

¿Por qué decimos que algo es feo?

Minuto de reflexión.

Intención: La idea es que aprendan a distinguir la fealdad no solo estética sino también que sean capaces de llegar por sí mismos a asociarla al plano moral. Sería interesante que se diesen cuenta de la importancia de las convenciones sociales al hablar de lo bello y de lo feo. Si hablamos de belleza interior para las buenas personas que con sus buenas acciones ayudan a mejorar el mundo también tenemos que concluir que hay acciones feas, fealdad moral, en aquellas personas que comenten acciones contra la humanidad.

Preguntas apoyo: ¿Que algo no nos guste significa que es feo? ¿La fealdad es común para todos? ¿Todos estamos de acuerdo en lo que es feo? ¿Todo lo feo es desagradable? ¿Se aprende a distinguir la fealdad o se sabe de manera instintiva? ¿Quién decide que algo es bonito o feo?

FICHA 7: EL ÉXITO

¿Qué significa tener éxito?

Minuto de reflexión.

Intención: La idea es que los niños lleguen a darse cuenta de que el éxito no tiene que relacionarse exclusivamente al ámbito profesional. Deben darse cuenta de cuáles son los estereotipos del éxito que intentan presentarles los medios de comunicación y analizar cuáles son más convenientes. A ser posible tendríamos que presentar diversos modelos de éxito y analizar cuáles son los más convenientes de cara a la formación de una personalidad equilibrada.

Preguntas de apoyo. ¿Todas las personas que tienen éxito son populares? ¿Es necesario que te conozcan muchas personas para tener éxito? ¿El éxito ocurre en la vida personal (familia y amigos) o en la vida profesional? ¿Es necesario tener éxito para ser feliz?

FICHA 8: EL FRACASO

¿Cuándo decimos que una persona ha fracasado?

Minuto de reflexión.

Intención: Que ellos sean capaces de analizar la idea de fracaso que la sociedad va dejando como estigma en relación con la fama, la popularidad, la riqueza, el estatus social, el trabajo que tienes... Es importante que no asocien el fracaso a la pérdida de la ilusión, sino más bien a la cobardía de no haber intentado llevar a cabo un proyecto de vida, un ideal, o de haber sido valientes. Si el taller se hace bien, deberíamos tener como hilo de fondo que la valoración más importante sobre el éxito o el fracaso tiene que partir de uno mismo.

Preguntas de apoyo: ¿Se puede aprender a superar el fracaso? ¿Se fracasa cuando no salen los proyectos o cuando no se intentan? ¿Cuál crees que es la mejor manera de recuperarse de un fracaso? ¿Somos siempre los responsables de nuestros fracasos o hay factores externos que también colaboran en nuestro fracaso?

FICHA 9: EL AMOR

¿Qué significan las palabras «te quiero»?

Minuto de reflexión.

Intención: Deberían ampliar la definición de amor al máximo número de situaciones posibles. La idea es que se vayan dando cuenta de que el amor romántico del «te quiero» es solo una limitación del uso del amor. A lo largo del taller es importante que sean capaces de alcanzar el máximo número posible de modelos de amor, desde el amor a lo cercano hasta el amor como fuente de inspiración y motor de vida.

Preguntas de apoyo: ¿En qué medida es diferente el amor de familia del amor de pareja? ¿Cómo hemos aprendido a amar? ¿Se puede amar a un animal igual que a un ser humano? ¿Podemos amar a personas que no conocemos? ¿Es obligatorio tener que elegir en el amor? ¿Qué queremos decir cuando hablamos de amor propio? ¿Podemos amar a desconocidos?

FICHA 10: EL ODIO

¿Se puede evitar el odio?

Minuto de reflexión.

Intención: La idea de fondo con esta pregunta es que sean capaces de entender el odio como una emoción irracional que separa y aleja, y que además provoca malestar a largo plazo. Hay que hacerles entender que el odio forma parte de nuestra vida y que a veces es inevitable, pero que se puede aprender a controlar y que se vive mejor si no albergamos odio en nuestro interior.

Preguntas de apoyo: ¿El odio se aprende de otros o hemos aprendido a odiar por nosotros mismos? ¿Cómo se puede aprender a no odiar? ¿Se puede odiar a una persona a la que se ama? ¿Existe alguna ventaja en el hecho de que odiemos? ¿Se odia solo a personas o también se puede odiar otras cosas tales como comida, animales, situaciones, acontecimientos…? ¿Existe algún remedio para eliminar el odio de tu vida o de la vida de los demás?

FICHA 11: EL TIEMPO

¿Qué es más importante el pasado, el presente o el futuro?

Minuto de reflexión.

Intención: Como dijimos en la primera parte del libro, si queremos educar a nuestros hijos para que tengan en cuenta el futuro en sus vidas, para que sean capaces de darle sentido a lo que hacen en el presente y no sobrevaloren el momento actual, es necesario que sean capaces de valorar el futuro, de apreciar el futuro. Para luchar contra la cultura hedonista del instante tenemos que hacerles entender la importancia del compromiso.

Preguntas de apoyo: ¿Qué pasaría si solo nos preocupásemos por vivir en el presente, en el día de hoy, sin pensar en el futuro o en el pasado? ¿Y si solo viviésemos pensando en el pasado? ¿Y en el futuro? ¿Seríamos las mismas personas si perdemos la memoria? ¿Para qué sirve memorizar? ¿Se puede controlar el futuro?

FICHA 12: LA OBEDIENCIA

¿Por qué tenemos que obedecer a nuestros mayores (padres, profesores, abuelos...)?

Minuto de reflexión.

Intención: La idea es que lleguen a entender las consecuencias positivas y negativas que puede tener obedecer. Deberíamos lograr que analicen por su cuenta qué tipo de órdenes o mandatos son los que se deben obedecer y sobre todo que sepan por qué se tienen que obedecer. De manera lateral sería interesante que se tocara el tema del orden y la organización de la sociedad como algo necesario para poder llevar una buena convivencia entre todos.

Preguntas de apoyo: ¿Tenemos que obedecer siempre aunque no nos gusten las órdenes? ¿Podemos desobedecer si no estamos de acuerdo con algo? ¿Podría funcionar una familia o una sociedad si las personas no obedecieran? ¿Cómo podemos hacer para que alguien sea obediente? ¿Deberíamos castigar a las personas que no obedecen?

FICHA 13: EL DESEO

¿Podemos vivir sin deseos?

Minuto de reflexión

Intención: La idea es entender que el deseo es un elemento importante en la vida y puede ser un motor motivacional esencial pero para ello es fundamental que no confundan el deseo con el placer inmediato. Sería ideal que dedujesen que el deseo se puede educar y que tiene que partir de sus propias realidades, desde sus circunstancias y evitar importar modelos de deseo virtuales

Preguntas de apoyo: ¿Qué hace que deseemos unas cosas y no otras? ¿Se puede aprender a desear algo o el deseo no se puede controlar? ¿Qué sucede cuando se cumple un deseo? ¿Desear nos provoca felicidad o tristeza? ¿Qué es más importante desear o cumplir el deseo?

MATERIAL USADO

A continuación, se exponen algunos materiales videográficos que hemos usado en los talleres.

- Campaña de Audi titulada «La muñeca que eligió conducir» (2016): https://www.youtube.com/watch?v=V-siux-rWQM

- Anuncio: Campaña de H2oh¡, titulado «Trencitas» (2010): https://www.youtube.com/watch?v=w880-Sd-fxE

- Anuncio HP. «Little moments» (2017): https://www.youtube.com/watch?v=pr4CRc_h-9w

- Anuncio: Campaña Dove, «Por la autoestima» (2013): https://www.youtube.com/watch?v=uWvGenIx3sM

- Anuncio: «Convierte tus prejuicios en posjuicios», Aquarius. (2017): https://www.youtube.com/watch?v=jZMWpG2RD6o

FICHA PARA EVALUAR LAS ACTIVIDADES	
Fecha	
Curso	
Edad	
Nº Alumnos	
Maestra/o	
Colegio	
Técnica	
Fotografía	
Publicidad	
Arte	
Plastilina	
Textos	
Micromeditación	
Con música	
Sin música	
Sin meditar	

ÍTEMS A VALORAR				
	Insuficiente	**Regular**	**Suficiente**	**Bueno**
Predisposición al ejercicio				
Concentración en la meditación				
Atención durante la exposición				
Calidad de las preguntas				
Selección de las preguntas				
Participación respetuosa				
Nivel de las intervenciones				

Integración de las respuestas				
Capacidad de obtener conclusiones				
Valoración de la actividad				

Número de preguntas realizadas:

Observaciones:

TESTIMONIOS

A continuación he seleccionado algunos de los testimonios más relevantes de las personas que voluntariamente y con determinación han llevado a cabo un trabajo constante y serio en torno a esta metodología. Como se suele decir, no están todos los que son, pero sí que son todos los que están.

Nombre y apellidos del docente:
Cristina Marín Caparrós.

Especialidad: Educación Infantil y Primaria.

Colegio en el que se impartió: CEIP Ntra. Sra. Del Rosario (Montoro).

Número de alumnos/as: 25.

Edades: 11-12 años.

Experiencia:

Realizar una experiencia nueva en el aula siempre crea cierto temor e incertidumbre. Si a esto añadimos la falta de tiempo para desarrollar todo el temario, los escasos cuarenta y cinco minutos de las sesiones de clase, así como el número de alumnos por aula, y las distintas necesidades educativas con las que nos encontramos, la decisión es bastante complicada. Sin embargo, como docente me encanta no solo enseñar sino también aprender, y esta era una oportunidad estupenda para aprender, descubrir y motivarnos con una actividad diferente en el aula.

El principal problema con el que me encontré al comenzar, es que el alumnado de esta edad está muy habituado a clases estructuradas y regladas, con unas claras rutinas de estudio marcadas y hábitos de trabajo muy integrados; por ello, los minutos de relajación para cambiar de actividad, el hecho de observar fotografías, esculturas, pintura, vídeos..., y sobre todo, trabajar con plastilina; dedicarse a hacer preguntas, a dialogar, a reflexionar... ha sido toda una revolución.

Comenzamos con la dificultad de relajarnos durante unos minutos, esa preparación para comenzar una actividad nueva y desconectar de la tarea anterior, nos costó mucho. Fueron necesarias varias sesiones para coger ese hábito.

La siguiente dificultad a superar fue que al realizar las preguntas y escribirlas en la pizarra, para posteriormente seleccionar entre todos las más interesantes, se seleccionaron aquellas que hicieron los líderes de la clase, independientemente de la calidad de la pregunta. Además, no todo el alumnado participaba, aquellos más tímidos no formularon preguntas ni intervinieron en el diálogo.

Por último, al finalizar la sesión y reflexionar sobre la fotografía expuesta, el alumnado pidió una explicación, un porqué de esa situación plasmada en la fotografía. Toda esa reflexión y análisis tenía que llegar a una única respuesta. Esas fueron las principales dificultades del comienzo.

A medida que avanzamos en las sesiones mejoramos la relajación, hicimos las preguntas por escrito en papel sin nombre, por lo que la votación fue más objetiva, mejoraron las preguntas (no solo utilizábamos un porqué, sino también un dónde, cuándo, qué...); y por supuesto, la reflexión del alumnado mejoró mucho. En mi opinión, el hecho de escribir las preguntas y por supuesto, el no necesitar una base de conocimientos previos, como en una clase de matemáticas o lengua, sino basar la argumentación en una opinión, permitió que todo el alumnado participara.

Quizás con lo que más ha disfrutado el alumnado de esta edad ha sido con los vídeos y la plastilina. El recurso de los vídeos publicitarios es algo más cercano a su realidad y por tanto, ellos lo han trabajado con mayor implicación. Y la plastilina supuso para ellos una relajación.

Personalmente, ha sido una experiencia enriquecedora, no solo por lo motivador de la actividad, sino por la facilidad de llevarla a cabo y los resultados que podemos apreciar en muy pocas sesiones. Significativo ha sido que mi clase ya no solo se planteaba preguntas durante las sesiones de «pensamiento crítico» sino que ha terminado el curso planteándose muchas cosas en otras materias, algo que me ha llenado de satisfacción. Creo que haber podido contribuir a despertar su aparato crítico en esa edad ha sido fundamental para su desarrollo.

Este año desempeño mi labor en Educación Infantil y también estoy desarrollando estas sesiones, utilizando otros recursos por supuesto, pero haciendo que desde tan pequeños su «cabecita», como yo les digo, no deje de funcionar.

Nombre y apellidos del docente:
María Rodríguez-Carretero Luna.

Especialidad: Educación Primaria y especialista de Audición y Lenguaje.

Colegio en el que se impartió: Guillermo Romero Fernández (Alameda del Obispo).

Número de alumnos/as: 21.

Edades: 9-10 años.

Experiencia:

El curso pasado (2017-2018) era tutora de 4º de Primaria, con unos alumnos que tienen la suerte o la desgracia de que les ha tocado una seño que no le tiene miedo ninguno a equivocarse… Y, ¿por qué digo esto?, porque cuando detecto alguna debilidad de mi curso intento actuar.

Un día, a principio de curso, intentando resolver una situación bastante conflictiva en clase, saltó una alarma en mi cabeza que decía: «¡ALERTA, los alumnos no son capaces de distinguir entre lo que está bien y lo que está mal! ¡CUIDADO, no son capaces de expresar lo que sienten!». E intentando apagar esta alerta estaba yo cuando me llamó José Carlos y me empezó a explicar su proyecto; al proponerme que probara me daba la sensación de que era eso lo que yo estaba buscando para mi clase, así que me puse manos a la obra.

Mi experiencia después de un curso de trabajo es muy positiva y en pocas palabras me quedo con lo más significativo:

Recuerdo la cara de mis alumnos el primer día, estaban cansados un viernes a última hora y les dije: «Cerrad los libros, recoged las mochilas, cerrad los ojos y a relajarse…», No se lo creían. Desde el primer día tuvieron muy buena predisposición hacia las actividades. Al principio expectantes y un poco perdidos. A medida que van pasando las sesiones son ellos los que van demandando la actividad. En este sentido considero que es importante la elección del momento adecuado para que ayude al éxito de la sesión.

Calidad de las preguntas. Aquí distingo dos momentos:

Las primeras sesiones eran preguntas de todo tipo: *simples*, que se resolvían casi sin debate; *absurdas*, intentaban hacerse los graciosos; *materiales*, sin entrar en sentimientos ni sensaciones. Todos participaban, aunque a algunos les tenía que insistir. La dinámica era que ellos iban haciendo las preguntas en voz alta y yo copiaba todas las preguntas en la pizarra para después votar las más interesantes.

Después, desde la cuarta sesión, son preguntas más interesantes y entran a cuestionar sentimientos. Ya iban siendo preguntas que enriquecían mucho el debate.

Cambiamos la dinámica y en estas sesiones no decían las preguntas en voz alta, sino que las escribían en un papel de manera anónima y después yo las escribía en la pizarra... ¿Por qué?... La respuesta está relacionada con el siguiente punto...

Selección de las preguntas. En las primeras sesiones, en la votación de las preguntas más interesantes para debatir, siempre elegían las preguntas de sus mejores amigos. Era una votación de líder más que otra cosa. Por eso decidí hacer las preguntas de manera anónima. Ya se elegían las preguntas según lo interesantes que les parecieran. Pero, aunque yo les decía que no dijeran de quién era cada pregunta, era inevitable que algún «tramposillo» lo dijera y algún otro cayera en la trampa... Pero esto cambió desde la sesión 9 o 10. Empezaron a elegir preguntas más interesantes aun sabiendo que era de un compañero que no le caía especialmente bien. Y me transmitían que así se lo pasaban mejor en el debate.

En cuanto al nivel de las participaciones he ido viendo cómo han madurado al expresar sus opiniones y en discernir entre lo que está bien y lo que no lo está (engañar está mal aunque sea para evitar un castigo, algo que a mí me haga sentir bien no tiene por qué hacerle sentir bien a mi compañero...).

Otro aspecto que me ha llamado la atención es la mejora en la capacidad de obtener conclusiones. Algunos alumnos son capaces de sacar conclusiones durante el debate, pero estas pueden ir cambiando a lo largo de las exposiciones de los compañeros. He observado cómo un grupo de alumnos no solo son capaces de sacar sus conclusiones sino que las defienden aun en momentos en que el debate ha dado un giro y no juega a su favor.

Yo animo a cualquier docente que esté leyendo estas líneas a intentarlo, a meterse en esta aventura. Con un trabajo constante, sin exigencias ni expectativas iniciales, he visto en mis alumnos un avance en su capacidad analítica y crítica, tan importante hoy en día en esta sociedad. Merece la pena intentarlo.

Nombre y apellidos del docente:
Ana del Rosal González.

Especialidad: Maestra Lengua Extranjera Francés.

Colegio en el que se impartió: CEIP San Francisco Solano (Montoro).

Número de alumnos/as: 24.

Edades: 8-10 años.

Experiencia:
Mi participación en esta actividad fue algo casual y totalmente experimental. No conocía nada del método ni de cómo trabajarlo, solamente me dieron unas nociones muy básicas y me tiré al vacío sin mirar. He de decir que al principio estaba muy perdida, no sabía si lo estaba haciendo bien o no, si la cosa iba a ser de verdad efectiva, si mis alumnos iban a estar preparados para hacerlo... Todo eran dudas, pero aun así me comprometí y la verdad es que me alegro mucho de haberlo hecho.

La principal dificultad que me encontré fue la falta de tiempo. Yo era especialista en Francés Lengua Extranjera y a la vez tutora de 3º de Primaria, la actividad me la plantearon en diciembre y llevarla a cabo junto con otros talleres que ya tenía empezados me hacía imposible dedicarle más de una sesión a la semana, así que los jueves era el día elegido y le dedicaba solamente cuarenta y cinco minutos. Tiempo suficiente para ver la evolución, aunque es verdad que no lo hacía todos los jueves, ya que las diferentes actividades que van surgiendo a lo largo del curso me obligaban a prescindir de algunos proyectos, entre ellos, la actividad de protofilosofía.

Mi experiencia durante el proceso ha sido como una montaña rusa. Como ya he comentado, al principio me encontraba un poco perdida porque no conocía mucho el método, poco a poco, tras solucionar las dudas que se me presentaban, fui sintiéndome más cómoda y al final la sensación se convirtió en algo muy positivo, recomendable cien por cien.

Por otra parte, el alumnado recibió la actividad como algo novedoso y atractivo, todo lo que sea salir de la rutina es bienvenido. Por lo que no fue muy difícil llevarlo a cabo.

Al igual que mis sensaciones, la actitud del alumnado pasó por diferentes fases: el primer día fue un poco difícil que se concentraran para realizar la actividad de relajación, ellos no estaban acostumbrados y se reían, no se concentraban, se movían constantemente... Esta actitud fue cambiando poco a poco, cada día se colocaban más rápido y disfrutaban más del momento de relajación. Cada vez les gustaba más y me pedían la actividad todos los jueves nada más entrar, se convirtió en un premio para ellos.

Con la parte analítica pasó un poco más de lo mismo. El primer día les costaba fijarse en los detalles, no sabían expresar con exactitud lo que querían decir, estaban un poco cohibidos y no se atrevían a hablar... Esto también fue evolucionando y en cada actividad realizada se sentían más cómodos, analizaban aspectos muy interesantes y su fluidez verbal mejoró mucho. Lo que al principio pasaba desapercibido al final lo identificaban rápidamente y disfrutaban al ver cómo veían esos detalles. Además, el reflexionar sobre el porqué de esos detalles les ayudaba a desarrollar su imaginación y lo pasaban genial.

En la parte creativa, nosotros solamente trabajamos con plastilina para representar algunas emociones. Salieron cosas muy curiosas y al salir a explicar lo que habían hecho, no solamente ayudaba a la expresión oral y al análisis, esta actividad sirvió también para que se conocieran mejor entre ellos. Conocer qué emociones eran importantes para cada uno y cómo las representaban fue algo que los unió aún más.

Me gustaría resaltar que es una actividad muy fácil de llevar a cabo, no necesita de mucha preparación, es algo donde hay que dejarse llevar y el alumnado te va sorprendiendo de hasta dónde puede llegar. Además de trabajar la capacidad analítica, se trabajan muchos aspectos de una forma relajada y hace que el aprendizaje sea fluido y totalmente significativo.

Para finalizar, he de decir que el pensamiento analítico está prácticamente anulado en una sociedad que vive acelerada y no se para a reflexionar sobre lo que nos rodea, por ese motivo, con esta actividad les ayudamos un poco a parar ese ritmo frenético, a pensar y analizar para que sean críticos y aprendan a tomar decisiones correctamente sin ser manipulados, es decir, que formen sus propios criterios, algo que considero totalmente necesario.

Nombre y apellidos del docente:
José Manuel García Peinazo.

Especialidad: Maestro de Pedagogía Terapéutica.

Colegio en que se realizó: Nuestra Señora del Rosario (Córdoba).

Número de alumnos/as: Cuatro niños y una niña.

Edades: 9-11 años.

Experiencia:

Lo más llamativo del proceso seguido en las sesiones responde básicamente a dos vertientes.

La primera de ellas es la falta de entrenamiento que existe en el alumnado en el análisis y percepción de la imagen o el texto digamos «estático». Aquel que no genera movimiento por sí mismo. Es el propio alumno/a el que tiene que focalizar su mirada en un punto u otro, tanto de la imagen como de un texto leído. Esto conllevaba que en un primer momento todo fuera más desorganizado y tuviera que guiar la «línea de mirada». Posteriormente ves que se va asentando la manera y son ellos mismos los que buscan ese modo de proceder en los textos e imágenes.

En segundo lugar destacaría que si miramos esta metodología desde una vertiente clínica, te permite hacer un diagnóstico y a la vez enfocar un tratamiento de estos alumnos/as. Valorando principalmente cuáles son sus bases cognitivas para la interpretación de la realidad y el lenguaje que usan para darle forma. Aquí creo que es donde reside la clave de los aspectos positivos que puede ofrecer el método como aportación eficaz en el proceso de enseñanza-aprendizaje que desarrollamos en los centros.